C. Wilbrandt

Das fortschreitende Sinken der Preise unter der Herrschaft der Schutzzollpolitik, hauptsächlich aus landwirtschaftlichen Gesichtspunkten behandelt

C. Wilbrandt

Das fortschreitende Sinken der Preise unter der Herrschaft der Schutzzollpolitik, hauptsächlich aus landwirtschaftlichen Gesichtspunkten behandelt

ISBN/EAN: 9783743375710

Hergestellt in Europa, USA, Kanada, Australien, Japan

Cover: Foto ©ninafisch / pixelio.de

Manufactured and distributed by brebook publishing software (www.brebook.com)

C. Wilbrandt

Das fortschreitende Sinken der Preise unter der Herrschaft der Schutzzollpolitik, hauptsächlich aus landwirtschaftlichen Gesichtspunkten behandelt

Das fortschreitende Sinken der Preise

unter der

Herrschaft der Schutzzollpolitik.

Hauptsächlich aus landwirthschaftlichen Gesichtspunkten

behandelt von

C. Wilbrandt
zu Pisede.

Wismar.
Hinstorff'sche Hofbuchhandlung Verlagsconto.
1887.

Vorwort.

Der Gedanke, daß wohl die Zeit gekommen sein möchte, auch mit Ausführungen gegen den Nutzen der Schutzzölle das Ohr der deutschen Landwirthe zu finden, hat diese kleine Arbeit entstehen lassen. Meine Absicht ist, in sachlicher und gemeinverständlicher Weise zu zeigen, aus welchen Gründen die mehrjährige Krisis hervorgegangen ist, und warum nach den in Wirksamkeit getretenen Ursachen alle unsere Schutzzölle die Uebelstände verschärfen mußten.

So lange meine Berufsgenossen von den Kornzöllen eine Steigerung der Preise erhoffen durften, würde jedes derartige Wort vergebens gesprochen sein, wie denn auch während der Dauer der Agitation jeder Widerspruch eines Landwirths als ein Abfall von der Sache der Landwirthschaft betrachtet wurde. Heute liegt aber bereits eine Erfahrung vor, die höchst ungünstig ist und viel zu denken giebt, und es hält nicht mehr schwer, aus den Thatsachen zu beweisen, daß sich die Lage der Production für die Interessen der Landwirthschaft nicht unerheblich gebessert hat, und daß die Getreidepreise unbedingt viel höher stehen würden, wenn nicht die Zollgesetzgebung ein Mißverhältniß geschaffen hätte, das nach der ganzen Lage der Production und des Verkehrs zu den schwersten Schädigungen führen mußte.

„Die Noth lehrt beten", sagt ein altes Sprichwort. Hier würde es genügen, wenn sie nur wollte nachdenken lehren, und ich glaube, wenn die deutschen Landwirthe die Dinge nur erst mit größerem Ernst in allen Wechselbeziehungen von Ursachen und Wirkungen zu verfolgen beginnen, werden sie sich schon von den Irrthümern wieder frei machen, denen sie in dem Eifer einer allzu leidenschaftlichen Agitation verfallen sind.

Giebt sich somit diese Schrift als ein Wort der Beherzigung an meine Berufsgenossen, so wird man mir die Berechtigung dazu kaum absprechen können. Die Worte: „sie säen nicht, sie ernten nicht u. s. w.", treffen für mich nicht zu, denn ich bin Landwirth von Fach, suche meinen Erwerb in der Bewirthschaftung eines kleinen Pachtguts und leide wie nur Einer meiner Collegen unter der traurigen Conjunctur, mit der die Landwirthschaft seit Jahren zu kämpfen hat. Es ist nicht minder das eigene Interesse, als die Liebe zu einem wunderschönen und edlen Beruf, die mir zu dieser Arbeit die Anregung gegeben. Möchte sie von den Freunden der Landwirthschaft mit so vielem Wohlwollen aufgenommen werden, als sie mit Wärme geschrieben ist.

Pisede, im November 1886.

Der Verfasser.

I.

Wenn wir heute vor der unbestreitbaren Thatsache stehen, daß seit der Einführung der Schutzzollpolitik im Deutschen Reiche die wirthschaftliche Nothlage sich sehr verschärft hat, daß die Preise so vieler Waaren zu weiterem Sinken gelangten, und die gesammte Handelsthätigkeit einer zunehmenden Verflauung verfallen ist, so drängt sich uns damit eine schwerwiegende und ernste Frage auf. Ist diese Erscheinung die Folge von Umständen, die aus besonderen Gründen in Wirksamkeit getreten sind und mit den Einflüssen der Wirthschafts=politik in keinerlei Zusammenhang stehen? oder trifft gerade die schutz=zöllnerischen Maßnahmen von dem beklagenswerthen Rückgang der Verkehrsthätigkeit ein überwiegender Theil der Schuld? Die heutige Wirthschaftskrisis lastet zu schwer auf allen Theilen der Production, als daß man Angesichts dieses unverhofften, für alle Freunde des Schutzzollsystems gewiß überraschend gekommenen Ausgangs leichten Sinnes über diese Frage hinweggehen könnte. Würden unsere Schutz=zölle zu den Ursachen von dem zunehmenden Sinken der Preise zu zählen sein, so würde nicht allein zu erwarten stehen, daß alle weiteren Zollerhöhungen das Uebel vermehren müßten, sondern daß selbst schon der Fortbestand der eingeführten Zölle zu größerer Verbreitung der Nothlage führen würde. Denn jemehr in einzelnen Theilen der Be=völkerung der Wohlstand zerrüttet wird, desto mehr werden, solange die treibende Ursache ungeschwächt in Kraft verbleibt, auch die übrigen Theile von dem gleichen Leid betroffen werden.

Man kann sich von allen Zweifeln über diese Frage leicht be=freien, wenn man sich einerseits vor Augen führt, wie sich in neuester Zeit das Verhältniß der Production zum Consum gestaltet hat, und andererseits sich zum Bewußtsein zu bringen sucht, welche Einflüsse auf dieses Verhältniß nach der Tendenz der Schutzzölle sich geltend machen mußten. Eine so wohlfeile Weisheit es ist, daß man durch Auferlegung eines Zolls auf eine Waare den Preis derselben erhöht, so findet doch solche Preiserhöhung eine Begrenzung je nach dem Gegengewicht, das von anderen Factoren entgegengesetzt wird. Be=

steuert man in Deutschland den Weizen mit 30 Mk. pro Tonne, so
muß er hier freilich augenblicklich um 30 Mk. höher stehen, als
jenseits der Grenze, über welche er eingedrungen ist, doch aber kann
sein Preis unter bestimmten Bewegungen des Weltmarktes sich dauernd
auf demselben Niveau erhalten, auf dem er in anderen Ländern steht,
in welchen dieser Zoll nicht erhoben wird. Und mehr noch, es ist
durchaus nicht ausgeschlossen, daß nicht dieselbe Maßnahme, welche
ihrer Natur nach relativ den Preis emporhebt, unter den Ver=
hältnissen, wie sie sich bei der herrschenden Productionsrichtung voll=
zogen haben, zu keinem anderen Ergebniß zu führen vermag, als daß
sie ihn absolut zum Sinken bringt. Es mag das im ersten Augen=
blicke als widerspruchsvoll erscheinen, doch aber ist es nach Einführung
der Kornzölle in Wirklichkeit so gekommen, und bei jedem näheren
Eingehen in den Entwickelungsgang, den unsere wirthschaftlichen Ver=
hältnisse genommen, wird man zu vollem Verständniß darüber ge=
langen, warum es auch gar nicht anders kommen konnte. Es bedarf
hiezu nicht einmal weitgehender theoretischer Erörterungen. Man
braucht nicht die Lehren der Wissenschaft zu Rathe zu ziehen und
keine Beispiele zu construiren, gegen die man etwa einwenden könnte,
daß sie nicht der Wirklichkeit entsprechend wären; — es ist der
„goldene Baum des Lebens" selbst, an dessen Früchten wir die Noth=
wendigkeit dieses Ausgangs erkennen müssen.

Seit einer längeren Reihe von Decennien haben sich in der Art
und Weise der Production Veränderungen vollzogen, durch welche die
Quantität der Gütererzeugung in ungeahnter Weise emporgehoben
wurde. Es giebt kaum ein Gebiet menschlicher Thätigkeit, in welchem
mechanische Verbesserungen nicht zu einer Vermehrung der Arbeits=
leistung geführt hätten. Wie in Haus und Werkstatt fast jedes Werk=
zeug einer Vervollkommnung unterworfen wurde, die der arbeitenden
Hand die Anstrengung erleichtert, so ist vor allem in den größeren
Arbeitsstätten, auf welchen die Herstellung von Gütern in massen=
hafterer Weise betrieben wird, in den Betriebsräumen der Industrie,
wie in den Gruben und Hütten des Bergwerks, durch unablässige Ver=
besserungen der Maschinerie eine bedeutende Vervielfachung der Kraft
hervorgebracht. Zugleich haben wichtige Errungenschaften auf dem
Gebiete der naturwissenschaftlichen Forschung die Praxis gelehrt, die
Stoffe der Natur in viel reicherem Maße der Menschheit nutzbar zu
machen, ihre schädlichen Eigenschaften zu beseitigen, die brauchbaren
für Zwecke der Production zu verwenden. Was man aber durch un=
glaubliche Vermehrung von Wissen und Kraft in allen Theilen der
Erde zu erzeugen, zu veredeln, den Bedürfnissen anzupassen vermochte,

gelang durch großartige Erweiterung der Transportmittel mit einer Schnelligkeit, die progressiv mit den Entfernungen zu wachsen scheint, von Land zu Land, von Welttheil zu Welttheil zu bringen. Die Eisenbahnlinien sind in verhältnißmäßig kurzer Zeit in ihrer Zahl wie in ihrer Ausdehnung vervielfacht worden und durchschneiden schon so manche weite Flächenräume, die bis vor kurzem noch der Cultur und dem Verkehr verschlossen waren; durch große Vermehrung und technische Verbesserung der Dampfschiffe haben die Meere ihre trennende Eigenschaft fast verloren und dagegen den Charakter bequemster Verbindungswege angenommen; durch den Durchstich der Landenge von Suez erlangte man den unschätzbaren Vortheil, eine der wichtigsten Wasserstraßen um ein ganz Bedeutendes abzukürzen, und mit Hülfe von Tunnelanlagen vermochte man so manche Hindernisse zu beseitigen, welche Gebirgszüge dem Gütertransport entgegensetzten. Alle diese erstaunlichen Hülfsmittel des Waarenaustausches in vollem Maße auszunutzen, wurden dem Handelsstande zu seinen Manipulationen die nutzbarsten Einrichtungen geschaffen; ein reichhaltiges Postwesen, weit verzweigte und mit Blitzesschnelle arbeitende Telegraphenlinien, Banken und Börsen aller Art erleichtern in rascher und prompter Weise alle die Mittheilungen, Erkundigungen, Geschäftsabschlüsse, Zahlungsausgleichungen, wie das Geschäft des Kaufens und Verkaufens sie mit sich bringt. Nach allen Richtungen hin sind somit Bedingungen geschaffen worden, durch welche die productive Kraft in mannhaftsamem Drange zu immer größeren Leistungen hingetrieben wird.

Dieser ganz erstaunliche Aufschwung der Production hat auf die Lebensweise der Menschheit den außerordentlichsten Einfluß ausgeübt. In Nahrung, Kleidung und Wohnung, in den Genüssen des geselligen Verkehrs, wie in denen des Geistes und überhaupt alles dessen, was zur Verfeinerung und Veredlung des Daseins dient, hat das menschliche Bedürfniß eine bewunderungswürdige Kraft der Ausdehnung gezeigt. Jahrzehnte hindurch hatte es den Anschein, als wäre bei aller Erweiterung der Productionskraft doch die Grenze der Absorptionsfähigkeit nicht erreichbar. Trat auch bei manchen Erzeugnissen im Laufe der Zeit eine Verminderung der Preise ein, die ein Voraneilen der Production erkennen ließ, so hatte diese doch in der technischen Vervollkommnung und in der Ausdehnung des Betriebs die Fähigkeit erlangt, auch zu billigeren Preisen mit ausreichendem Gewinn zu arbeiten, und bei dem niedrigeren Preis schien der Absatz noch immer ein gesicherter zu sein. Verschiedene Krisen brachen zwar mit verheerender Wirkung herein, aber sie waren von mehr oder weniger vorübergehender Dauer, und nachdem die aufgestauten Gewässer ihren

Ablauf gefunden, kam immer wieder in Production und Consum das Gleichgewicht der Kräfte zum Vorschein.

Endlich doch zeigten sich unter dem rastlosen Andrang der wachsenden Schaffenskraft Erscheinungen, die zu beängstigenden Vorstellungen Anlaß gaben und in ihrem weiteren Umsichgreifen die anfängliche optimistische Auffassung von der Unverwüstlichkeit des Verkehrslebens in eine pessimistische verwandelten.

Unter dem Anreiz des französischen Milliardensegens wurde im Anfang der siebziger Jahre der Unternehmungsgeist zu den maßlosesten Ausschreitungen verleitet, und namentlich der industriellen Production bemächtigte sich in vielen ihrer Zweige ein Eifer der Speculation, der im höchsten Maße krankhaft war und aller Vorsicht spottete. Dem schwindelhaften Treiben folgte zwar ein schleuniger Krach, der eine Menge neu entstandener Unternehmungen hinweggriß und der äußersten Maßlosigkeit der Production einen Damm entgegensetzte, allein trotz des jähen Sturzes schritt der Proceß der Gesundung nur sehr langsam vor, weil einerseits die fortschreitende Technik zu stetiger Vermehrung in der Gütererzeugung hindrängte, und andererseits nach unerhörten Capitalverlusten in Folge des Krachs das Bedürfniß erheblich eingeengt war. So blieb in dem Kreislauf des Verkehrs zunächst noch die Tendenz eines Voraneilens der Production vorherrschend, und bevor es zur völligen Wiederherstellung des Gleichgewichts kommen konnte, traten andere Erscheinungen hervor, die wiederum hemmend und störend in den Gang der Entwicklung hineingriffen. In verschiedenen Erwerbszweigen zeigten sich in kurzen Zwischenräumen unverkennbare Kriterien einer Ueberproduction, deren nachtheilige Rückwirkung sich auf das gesammte wirthschaftliche Leben erstrecken mußte.

Zunächst sah sich die Landwirthschaft in sehr bedrängte Verhältnisse versetzt. Bei dem allgemeinen wirthschaftlichen Aufschwung war fort und fort auch auf stärkere Ausnutzung der Bodenkräfte das Bestreben gerichtet gewesen. In den alten Culturländern hatte man bei wachsender Erkenntniß durch größeren Aufwand von Kapital und Arbeit die Intensität des Betriebs erhöht und durch größere Bodenergiebigkeit, durch Einschränkung der Brache- und Weideflächen, durch rationellere Thierzucht und zweckmäßigere thierische Ernährung die Quantität der Erzeugnisse zu steigern gesucht. Gleichzeitig waren in manchen, dem Verkehr bis dahin verschlossenen Ländern bei der rapide zunehmenden Anlage von Eisenbahnlinien unermeßliche Flächen Oedlandes dem Pflug erschlossen worden, deren Producte in wachsender Menge auf alle Märkte gelangten. Der ungewöhnlich reiche Erntesegen des Jahres 1878, der sich über die Mehrzahl der ackerbautreibenden Länder ergoß, kam hinzu, um plötzlich die Preise in einer Weise zum Sinken zu bringen, daß bei dem gesteigerten Werth des Grund und Bodens und der bedeutenden Complicirung des Betriebs in der Mehrzahl der Wirthschaften die baaren Erträge die Kosten der Production kaum noch zu decken vermochten. Nicht lange darauf verfiel die **Eisenindustrie** demselben Schicksal. Sie war durch die bedeutsame Erfindung der Entphosphorung bei dem stets zunehmenden Verbrauch des Materials wieder zu einer großartigen Ausdehnung der Production getrieben und vermochte schließlich selbst bei sinkenden Preisen keinen ausreichenden Absatz mehr zu finden. So verfiel auch sie in eine sehr bedrückende Nothlage, die sich um so schmerzlicher fühlbar machte, als sich auch diesem Industriezweig bedeutende Capitalmittel zugewandt hatten. Auch zwei Nebenbetriebe der Landwirthschaft, die **Rübenzuckerindustrie** und die **Spiritusfabrikation** wurden von dem gleichen Mißgeschick ereilt und begannen ebenfalls unter allen Nachtheilen der Ueberproduction zu leiden. So sehr gerade in dem zunehmenden Consum von Zucker und Branntwein die unendliche Dehnbarkeit des Bedürfnisses sich zu documentiren vermocht hatte, so war doch in dem Zeitraum von wenigen Jahren das Wachsthum der Production ein so außerordentliches gewesen, daß die Consumtion mit solchem Ausschreiten nicht Schritt zu halten im Stande war. Ob auch noch in anderen Industrien die Production bis zu einem Grade vermehrt worden ist, daß sie in Wirklichkeit den Charakter der Ueberproduction erlangt hätte, mag dahingestellt bleiben, da uns die Statistik in dieser Beziehung die wünschenswerthe Auskunft nicht zu geben vermag. Nothwendig aber mußte bei dem unaufhaltsamen Anschwellen der Kraft mit dem Hereinbrechen kritischer Erscheinungen in einzelnen Theilen des Erwerbs auch in allen übrigen Zweigen eine Störung des Gleichgewichts sich fühlbar machen. Die Gütererzeugung befand sich einmal in einer Strömung, die stetig und unaufhaltsam vorwärts drängte, und dem Consum mußte die Fähigkeit, mit solchem Forteilen Schritt zu halten, mehr und mehr verloren gehen, sobald in so wichtigen Productionszweigen, wie Landwirthschaft, Eisenindustrie, Zuckerfabrikation und Spiritusbrennerei eine ernste Nothlage zum Vorschein gelangte.

Es dürfte nicht schwer sein, sich von der Art und Kraft der Rückwirkung ein anschauliches Bild zu machen. In der Eisen-, wie in der Zuckerindustrie haben die Schädigungen der Ueberproduction zu erheblichen Einschränkungen der Arbeitsleistung geführt, und es sind dadurch außer den Betriebsunternehmern, deren Zahl eine verhältnißmäßig kleine ist, eine Menge von Personen, deren Unterhalt von diesem Erwerbszweig abhängt, in ihrem Einkommen beschränkt worden. Es sind dies nicht allein diejenigen Personen, die direct als Arbeiter in demselben beschäftigt sind, sondern eine Einkommensverminderung mußte sich auch zeigen in allen Erwerbszweigen, deren Thätigkeit sich auf Dienstleistungen für diese Industrieen erstreckt. Wie weitgehende Einflüsse in dieser Beziehung sich geltend machen mußten, mag schon allein das Beispiel der Zuckerindustrie erkennen lassen. Hier mußte die Einschränkung der Production ihre Rückwirkung erstrecken auf die zahlreiche Classe von Arbeitern, die bei der Bearbeitung von Rüben=äckern beschäftigt sind, — auf das gesammte Personal, welches in den Zuckerfabriken selbst arbeitet, — auf die vielen kleinen Wirthschafts=betriebe, die gegen bestimmten Fuhrlohn die Zuckerrüben von den Aeckern nach Fabriken oder Bahnstationen bringen, — auf die ge=sammte Fabrikation von künstlichem Dünger, dessen Verbrauch mit dem Rückgang des Rübenbaus sich verminderte, — auf alle Maschinen=fabriken, deren Specialität die Herstellung von Maschinen und Utensilien der Zuckerfabrikation bildet, — auf die Jutewaarenfabrikation, die zum Transport des Zuckers die vielen Millionen von Säcken liefert, — auf Theile der Industrieen, die mit der Herstellung von Schmier=material, Knochenkohle, Holzkohle, Schlammdrell und anderen zur Zucker=bereitung erforderlichen Materialien beschäftigt sind, — auf die Kohlen=bergwerke, die auch in dem bedeutenden Verbrauch der Zuckerfabriken eine nicht unbeträchtliche Absatzquelle finden, — auf gewisse Theile des Handelsstandes, die den Ankauf vieler dieser Gegenstände ver=mitteln, und schließlich auf manche der Eisenbahnbetriebe, für die der Transport von Rüben, Dünger, Kohlen, Zucker, Melasse u. s. w. einen namhaften Theil ihres Güterverkehrs ausmacht.

Wie in ähnlicher Weise die Einschränkung der Eisenindustrie sich fühlbar gemacht haben muß, davon wird man sich nach dem Vor=geführten schon eine Vorstellung machen können.

In Betreff der Spiritusfabrikation konnte die nachtheilige Rückwirkung der Calamität zwar eine derartige nicht sein, weil hier die eingetretene Ueberproduction noch nicht zu erheblichen Betriebs=einschränkungen geführt hatte. Es kann daher kaum in anderen Kreisen, als in dem der Betriebsunternehmer direct zu einer in's Gewicht fallenden Verminderung des Einkommens gekommen sein. Allein die Zahl der Letzteren beziffert sich auf viele Tausende, und der Gesammt=verlust, der durch den Niedergang der Spirituspreise hervorgerufen ist, war ein beträchtlicher, so daß sich indirect doch auch in weiteren Kreisen seine Schwingungen fühlbar gemacht haben müssen.

Besondere Beachtung für alle Theile des Verkehrs verdient aber ohne Zweifel die traurige Lage der **Landwirthschaft**. Es ist zwar in den europäischen Culturländern zu einer Beschränkung des landwirthschaftlichen Betriebs nicht gekommen. Die dem Anbau von Getreidefrüchten unterworfene Fläche hat keine wesentlichen Veränderungen erlitten, und ebenso sind auch Futterbau und Thierproduction in Bezug auf Quantität im Großen und Ganzen nicht geringere geworden. Es wird also auch hier nicht anzunehmen sein, daß die Arbeitsleistung, sei es nun der in der Landwirthschaft beschäftigten Arbeiter oder der Gewerbszweige, deren Arbeiten der landwirthschaftliche Betrieb bedarf, — wie der Schmiede, Sattler, Stellmacher, Maschinenbauer u. s. w., — eine wesentliche Abminderung erfahren habe. Es werden daher ebenfalls wie bei der Spiritusbrennerei die Schädigungen hauptsächlich nur in einer Verminderung des Einkommens der Betriebsunternehmer zum Vorschein gelangt sein. Deren Zahl aber ist eine schwer in's Gewicht fallende. Es beziffert sich die Menge der selbstständig in der Land- und Forstwirthschaft thätigen Personen — und hievon entfällt auf die Forstwirthschaft nur ein sehr kleiner Theil — mit Hinzuziehung ihrer Angehörigen nach der Betriebsstatistik vom 5. Juni 1882 im Deutschen Reich allein auf rund 8,600,000, macht also nahezu den fünften Theil der ganzen Bevölkerung aus. Man mag sich danach eine Vorstellung machen von der ungeheuren Zahl von Menschen, die in den Landwirthschaft treibenden Ländern zusammengenommen durch den Rückgang der Preise für landwirthschaftliche Producte betroffen worden sind. Alle diese vielen Menschen haben sich genöthigt gesehen, in einem gewissen Betrage ihre Bedürfnisse einzuschränken, und zwar werden dies vornehmlich Bedürfnisse sein, deren Herstellung anderen Erwerbszweigen als der Landwirthschaft obliegt.

Hält man dies Alles zusammen, so wird man ein Bild gewinnen, wie schon die klar hervorgetretene Ueberproduction einiger weniger Erwerbszweige auf andere Theile der Production ihre nachtheilige Wirkung erstrecken mußte, und wie die Schädigungen, die sich dadurch fühlbar machten, immer weitere Theile erfassen und in ihrem Umsichgreifen nach und nach die Erscheinung einer allgemeinen Reaction hervorrufen mußten. Die Signatur der schnelllebigen, an Erfindungen und Kraftentwicklung reichen Zeit ist das stetige Wachsthum der Gütererzeugung. Dieses konnte wirthschaftlich nur erfolgreich sein, solange mit dem Fortschreiten der Production auch der Consum sich zu heben vermochte. So sehr aber auch das menschliche Bedürfniß die Eigenschaft einer unbeschränkten Dehnbarkeit gezeigt hatte, so mußte diese doch eine Grenze finden, sobald sich ihr in dem Rückgang des Erwerbs ein materielles Hinderniß entgegensetzte. Ein solches Hinderniß war von dem Augenblick an vorhanden, in welchem in einzelnen Zweigen der Production in einem plötzlich eingetretenen Uebermaß der Erzeugnisse krankhafte Symptome sich zeigten, die im Wesentlichen darin bestanden, daß die erzeugten Güter nur unter ihrem Productionswerth absetzbar waren, daß in Folge dessen ein Theil der wirthschaftlichen Thätigkeit statt eines Gewinns einen Verlust erzielte, und somit einer namhaften Zahl von Menschen die Kaufkraft verloren ging. Damit waren die Keime eines Uebelstandes gegeben, der nach der herrschenden Strömung des Zeitgeistes in lawinenartiger Weise wachsen mußte. Eine Verminderung der Kaufkraft hat allemal einen Rückgang der Nachfrage zur Folge, und der Rückgang der Nachfrage zu einer Zeit, in der die Menge der Güter sich unaufhaltsam zu vermehren trachtet, führt nothwendig zu einem Sinken der Preise hin. Hiedurch werden mehr und mehr auch andere Theile in ihrer Kaufkraft beschränkt, sodaß die an einer Stelle eingesetzte reagirende Bewegung schließlich den gesammten Organismus ergreifen muß. So mußte das Vertrauen in allen Kreisen erschüttert werden. Der Trieb zu Unternehmungen ging verloren, das umlaufende Capital staute sich in den Räumen der Banken auf, und als letzte der Rückwirkungen zwang das Sinken des Zinsfußes selbst die Classe der Vermögenden, die sonst so zuverlässige Stütze der Erwerbthätigkeit, ein größeres Maß von Sparsamkeit in ihrem Haushalt zur Anwendung zu bringen.

So sind aus kleinen Ursachen große Wirkungen hervorgegangen. Das Symptom der Krankheit ist das Sinken der Preise, ihre Ursache eine Stockung in dem Kreislauf von Production und Consumtion.

Während der Zeit, in der diese Erkrankung des wirthschaftlichen Organismus sich entwickelte, wurde unser Schutzzollsystem in's Leben gerufen. Die erste Zollreform fand im Jahre 1879 statt, also gerade zu dem Zeitpunkt, als unter dem Andrängen der nordamerikanischen Concurrenz und bei dem Hinzutreten sehr günstiger Witterungseinflüsse das erste erhebliche Weichen der Getreidepreise eingetreten war, und auch bei der Mehrzahl der industriellen Erzeugnisse die Preise nach kurzem Aufschwung zu fortschreitendem Sinken gelangten. 1885 wurden dann die Kornzölle ganz bedeutend erhöht, und auch für eine namhafte Zahl von Industrieproducten wurde eine Aenderung des Tarifs im Sinne höheren Schutzes vorgenommen.

Konnten nun nach der Art des Uebels und nach den Ursachen, die es hervorgerufen, die Schutzzölle für die Krankheit ein Heilmittel sein? War es möglich, die Welt von dem Alp einer drückenden Conjunctur zu befreien, indem man fast jedem Erzeugniß, das im

Lande verarbeitet wird und zugleich durch die Thätigkeit des Handels aus anderen Ländern eindringt, einen Zoll auferlegte? Es stände ja mit der medicinischen Praxis an und für sich nicht im Widerspruch, das Heilverfahren auf die Symptome anzuwenden, wenn man den Ursachen nicht beizukommen im Stande ist, aber jede symptomatische Behandlung wird im höchsten Maße perhorrescirt, wenn die Mittel, die nach Art der Symptome geeignet erscheinen müßten, die schädliche Wirkung der Ursachen direct zu fördern streben. Betrachtet man aber von diesem Gesichtspunkte aus das ergriffene Heilverfahren, so muß es als eine Kurpfuscherei elendester Art erscheinen. Durch die roh empirische Wahrnehmung, daß in dem Sinken der Preise die wirth=schaftlichen Schäden zum Ausdruck kommen, hat man sich verleiten lassen, durch gesetzgeberische Maßnahmen zu einer künstlichen Steigerung der Preise hinzustreben, und damit hat man gerade das=jenige Mittel ergriffen, das im allerhöchsten Maße die Ursachen des Leidens in ihrer Wirksamkeit verstärken mußte.

Was kann es wohl Thörichteres geben, als in einer Zeit, in der ein durch kritische Erscheinungen bedingter Rückgang des Consums dem allgemeinen Drang nach Productionsvermehrung entgegentritt, in künstlicher Steigerung der Preise ein Mittel zur Abhülfe zu suchen? Kann man denn glauben, die gesunkene Kaufkraft der Menschen neu zu beleben, indem man ihnen durch gesetzliches Eingreifen den Zwang auferlegt, alle Bedürfnisse zu theureren Preisen einzukaufen? Und mehr noch, ist es denkbar, daß unter Conjuncturverhältnissen, die nothgedrungen die allgemeine Kaufkraft schwächen müssen, eine Macht der Erde im Stande sei, ein solches Zwangmittel zur That zu machen? Schon allein der Umstand, daß solche Fragen bei der Betrachtung der wirthschaftlichen Lage sich aufdrängen, müßte ausreichen, die große Verderblichkeit unserer Schutzzollpolitik zu erweisen.

Wer sich alle die Momente vor Augen führt, die bei dieser Ent=wicklung der Dinge hauptsächlich ausschlaggebend gewesen sind, — diese stetige Vermehrung der Kraft, die in der Gütererzeugung wirksam war; dieses Vorwärtsdrängen in allen Zweigen der Production, das mit jedem Wachsthum der Arbeitsleistung naturgemäß gesteigert wurde; diese Verminderung der Nachfrage, die sich fühlbar machen mußte, sobald in einzelnen Zweigen des Erwerbs durch allzustarkes Ausschreiten in der Waarenhervorbringung eine Nothlage zum Vor=schein gelangte; diese Beschränkung der Kaufkraft, die in der Mehrzahl der Wirthschaftsclassen um so weniger ausbleiben konnte, jemehr der eingetretene Rückgang der Verhältnisse nach allen Seiten hin seine Schwingungen erstreckte, und endlich dieses Sinken der Preise, das bei dem unaufhaltsamen Drang nach Vermehrung der productiven Kraft eine ganz nothwendige Folge von der Verminderung der Kaufkraft war, — wer sich dies alles vor Augen führt, der wird sich der Ueberzeugung nicht erwehren können, daß dieses Schutzzollsystem in der Art und dem Umfange, in welchem es eingeführt wurde, keine Hülfe gewähren konnte, sondern mit unwiderstehlicher Gewalt alle eingetretenen Uebelstände verschärfen mußte.

Man beachte, wie bei solcher Art des Zollschutzes Gewinn und Verlust in den Bevölkerungsclassen sich theilen, und wie durch die Einwirkung der Gesetzgebung eine Gegenwirkung im wirthschaftlichen Verkehr hervorgerufen werden mußte. Der Gewinn, den man zu erzielen beabsichtigt, indem man die Preise der Erzeugnisse zu erhöhen strebt, kann zunächst nur in die Tasche der Unternehmer fließen, also in die Tasche eines Theils der Bevölkerung, der im Verhältniß zur Gesammtbevölkerung nur ein kleiner ist. Der Verlust dagegen muß bis auf diesen kleinen Theil die gesammte Masse des Volkes treffen, denn Niemand ist, der nicht seine Bedürfnisse durch den Einkauf bestimmter Unterhaltsmittel zu befriedigen hätte. Die große Zahl von Arbeitern aller Classen, das ganze Heer von Beamten in Gemeinde und Staat, die namhafte Menge von Menschen, die im Handel und Waarentransport ihren Unterhalt finden, die Rentner, die von ihren Zinsen, die Männer der Wissenschaft und Kunst, die von ihrer geistigen Thätigkeit leben, — sie Alle erlangen durch die Steigerung der Waarenpreise keine Vermehrung ihres Einkommens und sehen sich daher durch die Schutzzölle in die Lage versetzt, bei sich gleichbleibender Menge der Subsistenzmittel durch rechtzeitige weise Einschränkung den Haushalt in seinem wirthschaftlichen Bestand zu erhalten.

Die Eigenthümlichkeit der Wirkung beruht also darin, daß der eine Theil der Bevölkerung durch wachsenden Gewinn zu einer Vermehrung der Production angeregt, während der andere, und zwar der bei Weitem überwiegende, zu einer Einschränkung seiner Bedürfnisse gezwungen wird, was in seinem Effect einer Verminderung seiner Kaufkraft gleichkommt. Die Folge der Schutzzollpolitik kann demnach nur eine weitere Verschärfung der vorhandenen Disharmonie sein; sie strebt nach der einen Seite hin dem natürlich gegebenen Drang zur Gütervermehrung auf künstliche Weise Nahrung zu geben, nach der anderen hin dem Consum seine Kraft zu entziehen. Es ist das genau genommen nicht anders, als wenn man einen Brand wollte zu löschen suchen, indem man die vom Feuer ergriffenen Gegenstände mit Oel begösse, zugleich aber den löschenden Wasserstrahl durch eine mechanische Vorrichtung an der Spritze verdünnte. Wenn man künstlich Momente schafft, die das voraneilende Angebot auf's Neue emporheben, der ohnehin in ihrer Kraft geschwächten Nachfrage aber noch mehr die Nahrung entziehen, so setzt man dadurch gerade Factoren in Thätigkeit. die zu einem progressiven Sinken der Preise hinführen, also zu einem Wachsen des Uebelstandes, in welchem die wirthschaftliche Nothlage zum Ausdruck kommt.

Der ganze Erfolg der Schutzzollpolitik konnte darum kein anderer sein, als daß der Staat in den Geldbeträgen, die in den Zöllen auf eingehende Waaren ihm zugeflossen sind, einen Zuwachs an Einkünften erlangte, die Production aber in ihrer Rentabilität eine beträchtliche Einbuße erlitt, und die gesammte Gesellschaft in dem Rückgang des Wohlstandes zu Opfern gezwungen wurde, die zu dem fiskalischen Gewinn auch nicht annähernd in einem richtigen Verhältniß stehen.

Es mag nicht ganz leicht sein, sich diese unverhoffte Wirkung der Schutzzollpolitik zu vollem Verständniß zu bringen. Man wird vielmehr auf einen Widerspruch zu stoßen vermeinen, ohne dessen Lösung der Sachverhalt nicht klar erkenntlich wird, und es möchte sich daher empfehlen, bei diesem wichtigen Punkt noch einen Augenblick zu verweilen.

Einen Widerspruch möchte man nämlich darin zu finden glauben, daß dasjenige Moment, welches in hervorragendem Maße das Sinken der Preise befördert haben muß, die durch die erhobenen Schutzzölle hervorgerufene weitere Verminderung der Kaufkraft, dem Anscheine nach nicht vorhanden gewesen, also auch nicht zur Wirksamkeit gelangt sein kann, weil eben die eigentliche Tendenz der Schutzzollpolitik, die künstliche Steigerung der Waarenpreise, sich garnicht realisirt hat. Denn in der That hat die bedeutende Erhöhung der Schutzzölle im Jahre 1885 auch keinen Augenblick eine Erhöhung der Preise zur Folge gehabt, sondern es ist sofort ein weiteres Sinken derselben zum Vorschein gelangt. Wenn nach der ersten Einführung des Schutzzollsystems im Jahre 1879 einige Jahre hindurch die Getreidepreise nicht unerheblich emporgegangen waren, und auch im Uebrigen die Absatzverhältnisse sich günstig gestaltet hatten, so dürfte dies einestheils auf geringere Ernteerträge einiger Exportländer, anderntheils auf den Umstand zurückzuführen sein, daß in jenem Zeitpunkt gerade eine Gesundung nach den heftigen Erschütterungen der Milliardenzeit sich angebahnt hatte, deren günstiger Verlauf durch die Schutzzölle erst nach und nach wieder rückgängig gemacht wurde. Man könnte daher zu der Annahme geneigt sein, daß das einzige Ergebniß der Schutzzollpolitik der fiskalische Gewinn gewesen, im Uebrigen aber eine Störung des Gleichgewichts nicht eingetreten sei. Und dies ist es auch, was auf schutzzöllnerischer Seite, nachdem der angestrebte Effect, die Aufbesserung der Conjunctur, nicht zum Vorschein gelangt war, zum Theil behauptet wird. Man sagt, durch die Schutzzölle könne Niemand benachtheiligt sein, weil dieselben zu einer Erhöhung der Preise garnicht hingeführt hätten. Allein man übersieht dabei Zweierlei, was bei der eigenthümlichen Art und Weise, in welcher Angebot und Nachfrage in der Preisbestimmung sich geltend machen, in der Praxis des Verkehrs sich zu zeigen pflegt.

Zunächst ist es eine alte Erfahrung, daß schon die bloße Erwartung eines Ueberflusses oder eines Mangels an einer Waare Veränderungen im Preise derselben hervorruft, und daß in Folge dieser Preisveränderung auch entsprechende Veränderungen im Verbrauch der Waare sich ausbilden, sodaß die eigentliche treibende Ursache, sei es Ueberfluß oder Mangel, darüber nicht in die Erscheinung tritt. Das zeigt sich nicht allein in den großen Umsätzen des Weltverkehrs, sondern auch in den kleineren Geschäften von lediglich localer Bedeutung. Es wird sich das an einigen aus dem Leben gegriffenen Beispielen leicht zur Anschauung bringen lassen. Wenn während der für die kommende Ernte sehr einflußreichen Wochen des Frühjahrs die Berichte aus einer größeren Zahl von Ländern übereinstimmend den Stand der Saaten als einen verkümmerten hinstellen, so pflegt der Preis des Getreides schon lange vor Beginn der Ernte in die Höhe zu gehen, und der theurere Preis pflegt eine Einschränkung des Kornverbrauchs anzubahnen, in Folge derer zu keiner Zeit und an keiner Stelle die Erscheinung des Mangels hervortritt. In solchen Fällen übt also das Vorgefühl einer kommenden Verminderung des Angebots schon einen wesentlich bestimmenden Einfluß aus, wie wohl dem Anscheine nach die eigentliche Ursache der Preissteigerung nicht zur Perfection gelangt. — Wenn unter vorhandenen günstigeren Bedingungen in solchen Ländern, in welchen die Weide- und Futterflächen hauptsächlich zur Erzeugung von Schlachtvieh dienen, ein stärkeres Angebot von Fleischwaaren zu erwarten steht, so wirkt das mitunter niederdrückend auf den Butterpreis, wenn auch in der Quantität der Butterproduction Veränderungen nicht vorliegen, weil bei dem reichlicheren Vorhandensein von Fleisch und Speck eine Verminderung der Nachfrage nach Butter zu befürchten steht. Bei niederem Preis jedoch pflegt der Butterconsum sich wieder zu heben, sodaß die Ursache des Preisfalls, die Verminderung der Nachfrage, dem Auge nicht sichtbar wird. — In einzelnen ländlichen Gegenden bewirkt mitunter die Aussicht auf eine große Kartoffelernte schon in den Sommermonaten ein bedeutendes Steigen der Ferkelpreise, weil die zu erwartende Kartoffelmenge zur menschlichen Nahrung nicht verwendbar ist, die überschüssige Masse unter solchen Umständen aber zur Schweinemast verwerthet werden kann. Auch in diesem Falle bringt die Voraussicht leicht zu Wege, daß weder ein Ueberfluß an Kartoffeln, noch ein Mangel an Ferkeln bemerkbar wird. — In milden Wintern bringt die sinkende Nachfrage in der Regel ein Sinken der Brennholzpreise hervor. Die geringen Bestände aber beweisen am Ausgange des Winters häufig, daß der billigere Preis den Bedarf an Brennholz förderte, eine Verminderung der Nachfrage dem äußeren Anscheine nach also nicht vorhanden gewesen war.

Diese wenigen Beispiele, welche allbekannte Vorgänge behandeln, werden schon erkennen lassen, daß in dem vorliegenden Fall der Widerspruch, den man möchte zu finden vermeinen, nur ein scheinbarer ist. Dieselbe Voraussicht, die in diesen aus dem Leben gegriffenen Vorgängen die wirklichen Ursachen der Preisveränderung in der Regel nicht zur Perfection gelangen läßt, muß auch dahin geführt haben, daß nach Einführung der Schutzzölle das weitere Sinken der Preise eintreten konnte, ohne daß das ursprüngliche Agens, die weitere Verminderung der Kaufkraft, im Handel und Wandel zum Ausdruck gekommen war. Es läßt sich aber auch in der Art und Weise der Handelsthätigkeit leicht eine Erklärung dafür finden. Alle Zölle sind in mehr oder weniger hohem Grade ein Hinderniß des Absatzes. Der Handel spricht aus diesem Grunde von einer Zollschranke, obwohl die Waare selbst bei ihrem Eingange ein eigentliches Hinderniß nicht findet, sondern nur ihr Preis durch den Zoll gesteigert wird. Die Empfindung eines vorhandenen Hemmnisses kann also nur ihre Ursache haben in dem Vorgefühl, daß der theurere Preis den Consum vermindern und darum auch den Absatz nachtheilig beeinflussen wird. Wenn nun in einer Zeit, in der in aller Herren Ländern die Production in unaufhaltsamem Fortschreiten begriffen ist, durch kritische Erscheinungen aber die Kaufkraft der Bevölkerung sich mindert, in einem Lande von dem Umfange und der Bedeutung des deutschen Reichs eine Zollpolitik zur Herrschaft gelangte, die fast jede Waare mit einem hohen Zoll belegt, so mußte das einerseits den Handelsstand im Inlande zu großer Zurückhaltung anregen, weil derselbe eine theuer gekaufte Waare nur mit Schaden zu veräußern vermöchte, andererseits in allen Ländern, die hier eine Absatzquelle haben, die Geneigtheit hervorrufen, die einmal vorhandene Waare zu niedrigeren Preisen loszuschlagen. Und diese Geneigtheit mußte um so größer sein, als ohnehin schon die Lage des Verkehrs das Vertrauen in den Geschäftskreisen erschüttert hatte. Es konnte also nur ein noch stärkeres

Sinken der Preise die Folge sein, mochte auch die eigentliche Ursache, die Verminderung der Kaufkraft, nach dem niedrigeren Preisstand sich der Wahrnehmung entzogen haben.

Ein zweiter Punkt, dessen Bedeutung vielfach verkannt wird, ist die eigenthümliche Erscheinung, daß die Einwirkung, welche Angebot und Nachfrage auf den Preis ausüben, durchaus keine gleichmäßige ist, sondern daß dieselbe bei zunehmendem Steigen oder Fallen von Angebot und Nachfrage in höherem Maße wächst, als diese. Es findet hier ein ähnlicher Vorgang statt, wie mit der Fallgeschwindigkeit, insofern die Fallräume sich nicht verhalten wie die Fallzeiten, sondern wie die Quadrate derselben, oder wie mit der Hebelkraft, die mit der zunehmenden Länge des Hebels in höheren Potenzen wächst, als diese zunimmt. Die erste Million von Centnern einer wichtigen Handels= waare, die nach dem vorhandenen Consum auf dem Weltmarkt als Ueberfluß erscheint, mag auf den Preis noch von geringem Einfluß sein, die zweite und dritte werden schon ein erhebliches Fallen desselben zur Folge haben, und mit dem Erscheinen der vierten etwa wird eine Differenz im Preise sich zeigen, die einen höheren Procenttheil des ursprünglichen Preises ausmacht, als diese vierte überflüssig erscheinende Million von Centnern in procentualem Verhältniß zu der ursprünglich auf den Markt gelangten Waarenmenge steht. Und ganz dieselbe Er= scheinung muß sich zeigen, wenn die Nachfrage in wachsendem Maße in eine rückläufige Bewegung gelangt. Wenn daher unter Con= juncturen, in denen bei steigendem oder stillstehendem Angebot die Nachfrage bereits im Rückgange sich befindet, durch die Erhebung von Schutzzöllen eine weitere Tendenz zur Verminderung derselben hervor= gerufen wird, so wird die Einwirkung auf den Preis eine ungleich stärkere werden, als sie bei dem anfänglichen Erlahmen der Nachfrage zum Vorschein gelangt war. Es folgt daraus, daß eine Gegen= wirkung, die ja nothwendig eintreten muß, weil mit dem Sinken der Preise die Nachfrage sich wieder zu beleben pflegt, das Gleichgewicht noch nicht sogleich hervorbringen kann, weil eine neu eingesetzte, ver= hältnißmäßig schwache Kraft noch nicht das gleiche Maß von Wirksam= keit besitzt.

Es erklärt sich also, daß die deutsche Schutzzollpolitik schon für sich allein das Sinken der Preise befördern mußte. In wieviel höherem Maße aber mußte dieser Uebelstand sich fühlbar machen, sobald das deutsche Beispiel in anderen Ländern Nachahmung fand. Und das ist ja leider fast überall geschehen. Eifersüchteleien und der Hang zu Repressalien geben allemal den Anreiz zur Einführung derselben schutz= zöllnerischen Maßnahmen, durch die das eine Land dem Absatz der anderen Erschwerungen verursacht, und so sehen wir heute die Mehrzahl der Länder durch Zollschranken sich von einander absperren. Es ist das ein bezeichnendes Moment für den Geist der heutigen Handelspolitik. In der großen Mehrzahl der Länder sucht man die inländische Production durch Zölle auf ausländische Waaren emporzuheben; überall giebt man dadurch der ohnehin voraneilenden Production einen neuen Antrieb zu größerer Kraftentwickelung, vermindert man im Inland die Rentabilität der Arbeit und damit in weiterer Folge die Kaufkraft der Bevölkerung. Man erschwert also der Production in zweifacher Richtung den Absatz. Im Inlande, weil man der Bewohnerschaft die Fähigkeit raubte, von den Erzeugnissen der Arbeit zu kaufen, nach dem Auslande hin, weil hier aus den gleichen Ursachen das gleiche Mißverhältniß hervorgerufen wurde, zugleich aber in den Zöllen des Auslandes der ausgeführten Waare eine hemmende Schranke erwuchs. Die kurzsichtige Handelspolitik hat auf diese Weise der europäischen Industrie sehr schwierige Verhältnisse geschaffen, Verhältnisse, unter denen nicht allein die Nothstände, von denen man sich zu erlösen suchte, in bedeutendem Maße verschlimmert wurden, sondern die auch allen natürlich gegebenen Keimen des Wiederaufschwungs die Möglichkeit der Entwickelung abschneiden mußten. Und wie schwer hat die hoch emporgewachsene deutsche Industrie unter den herausgeforderten Repressalien anderer Länder zu leiden gehabt! So manche wichtige Absatzgebiete sind ihr fast verloren gegangen, wie z. B. der für Manufacte aller Art, für Eisen, Glaswaaren, Bijouterien u. s. w. so bedeutende Markt von Rußland und die so reichen Gebiete von Oesterreich-Ungarn, Frankreich und Italien, auf denen so manche Erzeugnisse deutschen Fleißes eine gewinnbringende Abnahme fanden.

So hoch man bei der Umwandlung der Zollpolitik auch die Erwartungen gespannt hatte, so ist doch eigentlich niemals ein Augenblick vorhanden gewesen, in welchem man sich in deutschen Producentenkreisen des Werkes hätte freuen können. Statt aber in richtiger Erkenntniß der Uebelstände von der irrthümlich betretenen Bahn zurückzudrängen, ist man, um aus der Sackgasse wieder herauszukommen, an manchen Stellen auf die merkwürdigsten Machinationen verfallen. So sind beispielsweise in einzelnen Industrien Kartellverträge abgeschlossen, nach denen man sich verpflichtete, im Inlande nur zu bestimmten hohen Preisen zu verkaufen, um sich im Ausland zu sehr niedrigem, dem Productionswerth nicht gleichkommendem Preise einen Absatz verschaffen zu können. Solche Verträge sind zwar vorübergehend nicht erfolglos gewesen, weil die Regierungen sich zum Theil nicht scheuten, im Inland hergestellte Erzeugnisse zu unverhältnißmäßig hohen Preisen anzukaufen, sie konnten aber doch für die Dauer nicht ausführbar sein, weil einmal nach der Lage der Dinge für theure Waaren im Inland keine Nachfrage vorhanden war, sodann aber der billige Verkauf im Ausland einen allgemeinen Preisdruck hervorrufen mußte, der auch auf den Preis des Inlandes nicht ohne Rückwirkung bleiben konnte. Auch die mehrfach eingeführten Exportprämien, in deren Bewilligung für einzelne Erzeugnisse ein wahrer Wettlauf unter verschiedenen Nationen sich anbahnte, konnten nur zu einer Erschwerung der Mißstände hinführen. Ihr Zweck ist ebenfalls, zu billigerem Verkauf im Ausland Gelegenheit zu schaffen, um im Inlande durch stärkere Ausfuhr ein günstigeres Verhältniß des Angebots zur Nachfrage zu gewinnen. Aber hiedurch konnte ebenfalls nur das Uebel eines allgemeinen Preisdrucks hervorgebracht werden. Die Menschheit ist eben in dieser jüngsten Krisis in dem mehr und mehr sich geltend machenden Bestreben, mit regelnder Hand in den natürlichen Lauf der Dinge hineinzugreifen, zu den wunderlichsten Sprüngen gelangt. Was im einzelnen Falle und in kleinem Maße ausgeführt zum Theil als vortheilhaft sich erweisen mag, das strebte man auf die großen Verhältnisse des internationalen Verkehrs anzuwenden und übersah dabei, daß in den Handelsbeziehungen der Völker zu einander alle die Nachtheile, die man Anderen zuzufügen strebt, mit unerbittlicher Härte auf den zurückfallen müssen, von dem die nachtheilig wirkende Handlung ausgegangen war. Der Verkehr der Völker kann nur ersprießlich sein, wenn dabei die Bedingungen gewahrt bleiben, unter denen die allgemeine Kaufkraft auf derjenigen Höhe sich zu erhalten vermag, die dem Absatz, den man zu finden wünscht, entsprechend ist. Es müssen daher in den Beziehungen der Staaten zu einander alle die mannigfachen Manipulationen nicht anwendbar erscheinen, durch die bei der Ausführung eines Handelsgeschäfts der einzelne Kaufmann in der Uebervortheilung des anderen Contrahenten mitunter einen Gewinn herauszuschlagen vermag.

Hauptsächlich aber zeigt sich die schutzöllnerische Unüberlegtheit darin, daß man darauf verfallen ist, die ursprünglichen schutzöllnerischen Prinzipien, die lediglich einen erziehlichen Zweck verfolgen und einzelnen noch unentwickelten und durch die Ueberlegenheit des Auslandes hart bedrängten Industriezweigen aufzuhelfen streben, — für die gesammte Production zur Anwendung zu bringen. Ein Staat kann wohl sein Publicum zwingen, für das Erzeugniß eines einzelnen Erwerbszweigs einen höheren Preis zu zahlen, und soweit ihm dies gelingt, wird er demselben eine bevorzugte Stellung schaffen, in der er bei sonstiger Gunst der Umstände erstarken und durch Vermehrung der

Production, durch zunehmende Beschäftigung von Arbeitskräften die Befähigung erlangen kann, der Gesammtheit mit der Zeit das Opfer zu ersetzen, das er durch den Zoll ihr auferlegt hatte. Man würde auch dieser Art des Zollschutzes an und für sich, d. h. rein theoretisch betrachtet, einen vernünftigen Grundgedanken nicht absprechen können, wenn nicht eben die Erfahrung gezeigt hätte, daß die Bewegungen der Praxis oft zu ganz anderen Ergebnissen hinführen, als man nach den Voraussetzungen, von denen man ausgegangen war, erwartet hatte. Aber es liegt doch auf der flachen Hand, daß ein Staat aus den Grenzen seiner Machtsphäre heraustritt, wenn er allen Theilen den Vorzug einzuräumen trachtet, der nach der ursprünglichen Idee nur einzelnen gegeben werden soll. Die Gesellschaft kann ja bis zu einem gewissen Grade Entbehrungen sich auferlegen, die dem Einzelnen zum Nutzen gereichen und doch dem Ganzen wenig schaden, aber mit keinen Machtmitteln vermag man sie zu zwingen, alle Güter, die sie nach dem Maße ihrer Bedürfnisse zu benutzen strebt, mit gesteigerten Preisen zu bezahlen. Der Grund ist leicht erkennbar: das Gesammteinkommen des Volkes ist eine durch die Verkehrsverhältnisse gegebene Größe, die sich wohl in eine Unzahl von Theilen zerlegen läßt, aber doch nicht in beliebige Theile von beliebiger Größe, und die daher an irgend einer Stelle erschöpft sein muß, wenn man all den vielen Theilen, in die sich das Gesammtbedürfniß zerlegt, ein größeres Maß zu geben trachtet, als nach Art und Menge der Bedürfnisse ihnen rechnungs= mäßig zufällt. Man wird dabei immer nur zu dem Ergebniß ge= langen, daß alle einzelnen Theile des Volks im Einkauf ihrer Bedürf= nisse zu Einschränkungen gezwungen werden, daß darum die Nachfrage im Allgemeinen erlahmt, und in weiterer Folge die Preise zum Sinken gelangen. Man wird also das Gegentheil von dem erreichen, was man erstrebt.

Wäre bei den Zollreformen der Jahre 1879 und 1885 die Land= wirthschaft es allein gewesen, die einen Schutzzoll für ihre Erzeugnisse erlangt hätte, so würde es ihr wohl gelungen sein, bis zu einem gewissen Grade den Preis ihrer Erzeugnisse in die Höhe zu treiben. Aber die Natur der Dinge brachte es mit sich, daß die Erreichung eines solchen Vorzugs nicht möglich war, weil sie sich die Mehrheit der Stimmen in den gesetzgebenden Körperschaften dafür nicht hätte gewinnen können. Mit demselben Verlangen traten auch andere Erwerbszweige hervor: die Eisenindustrie, die Wollmanufactur, die Baumwolle=, Leinen= und Jute=Industrie, die Fabrikation von Fettwaaren, Chemikalien, Zünd= hölzchen, Uhren und Schmucksachen, alle Erwerbszweige, welche Erden, Erze, Metalle und Mineralien befördern und verarbeiten, die Ver=

fertiger von Horn= und Lederwaaren, — genug, was nur Alles in deutschen Landen deutsche Erzeugnisse erarbeitet, die zugleich durch Import dem deutschen Publikum sich feilbieten, das Alles begehrte für sich die gleiche Begünstigung und glaubte, durch eine Erhöhung der Zölle auch eine Erhöhung der Preise und damit eine größere Rentabilität der Production zu erringen. So kam ein Compromiß zu Stande, das in seiner Art in der Geschichte einzig dasteht und noch späten Zeiten ein Zeugniß ablegen wird von der primitiven Auffassung, die in dem Zeitalter der Elektricität und Dampfkraft in deutschen Producentenkreisen vorherrschend war. Ein Jeder glaubte, mit dem glücklich errungenen Zoll einen sicheren Gewinn in seiner Tasche zu haben, und Niemand machte sich klar, daß alle getroffenen Vereinbarungen nur dahin führen konnten, in dem allgemeinen Wettbewerb der wirthschaftlichen Kräfte einander das Brod vom Munde zu nehmen. Alle Hoffnungen auf einen glücklichen Aufschwung mußten in ihr Gegentheil umschlagen, und das beklagte Sinken der Preise in verstärktem Maße zunehmen. Der Staat allein konnte mit den vielen Millionen von Zollintraden als gewinnender Theil hervorgehen, aber er vermochte nicht, die Verheißungen zu erfüllen, die er mit seiner blendenden Losung vom „Schutz der nationalen Arbeit" in alle Welt hinausgesprengt hatte. Er hatte hohe Wechsel ausgestellt, für die seine Machtsphäre keine Deckung bietet, und die deutschen Producenten haben in blinder Vertrauensseligkeit mit den Millionen, die in Schweiß und Arbeit erworben sind, diese unvollstreckbaren Werthscheine eingelöst.

Wenn aber einmal alle Erwerbszweige in der Rentabilität ihrer Thätigkeit beschränkt wurden, so mußte die Landwirthschaft nothwendig am schwersten getroffen werden. Was der Landmann producirt an Korn und Fleisch und Milch, das macht seinem Werthe nach einen so außerordentlichen Theil der gesammten Bedürfnisse aus, daß alle Einschränkungen im Haushalt immer zu einer bedeutenden Verminderung des Consums dieser Nahrungsmittel führen müssen. Nicht minder schwer fällt in's Gewicht, daß der Handel mit Getreide bei der ungeheuren Menge und dem hohen Werth desselben von so besonderer Sensibilität ist, daß Verkehrsstörungen und Abschwächungen der Nachfrage, die die unumgängliche Folge von Zollschranken sind, in höchstem Maße lähmend auf ihn einwirken müssen. Das ist denn auch in der Preisbewegung der letzten Jahre recht eclatant zum Ausdruck gekommen. Der Niedergang der Getreidepreise ist ein ganz enormer, aber er ist nicht, wie es bei einer großen Zahl von industriellen Erzeugnissen geschehen ist, durch den Umstand hervorgerufen, daß gleichzeitig das Angebot sich mehrte und die Nachfrage zurückging, sondern die

Ursachen liegen hier ganz allein auf der Seite der Nachfrage. So sehr in den Jahren 1878 und 79 das Angebot dem Bedarf vorangeeilt war, — die Getreidemengen, die in den letzten Jahren auf dem Weltmarkt zusammenströmten, sind im Verhältniß zur Bevölkerungszahl erheblich geringer gewesen, und von einem Getreideüberfluß könnte keine Rede mehr sein, wenn nicht unter den Einwirkungen der Krisis der Consum zurückgegangen und durch unsere Schutzzollpolitik eine verhängnißvolle Verflauung der Handelsthätigkeit hervorgerufen wäre.

Hier freilich treffen wir auf einen Punkt, der bisher noch keine Beachtung gefunden hat, und in Betreff dessen sich in der allgemeinen Anschauung ganz entgegengesetzte Vorstellungen verbreitet haben. Er bedarf daher der eingehendsten Erörterung, und darum soll der Landwirthschaft ein besonderer Abschnitt gewidmet sein.

II.

Das Jahr 1879, in welchem die Schutzzollpolitik eingeleitet wurde, war das billigste Kornjahr des siebziger Jahrzehnts gewesen. Es hatte zwar der Weizenpreis schon in einem früheren Jahr desselben, 1875, einen gleich niedrigen Stand erreicht gehabt, aber der Roggenpreis hatte sich doch noch erheblich höher gehalten. Die Preise für unsere beiden hauptsächlichen Brodkornarten hatten sich im Durchschnitt des Preußischen Staats nach den Zusammenstellungen des kgl. preuß. stat. Büreaus gestellt in Mark pro Tonne (1000 kg):

	1871.	1872.	1873.	1874.	1875.	1876.	1877.	1878.	1879.
Weizen:	234.	242.	264.	240.	196.	210.	230.	202.	196.
Roggen:	172.	172.	192.	198.	166.	174.	177.	143.	144.

Im Durchschnitt:
Weizen: 224.
Roggen: 171.

Es war also der Weizenpreis des Jahres 1879 um 28 ℳ, der Roggenpreis um 27 ℳ niedriger gewesen, als im Durchschnitt dieser neun Jahre. Seitdem sind die Preise anfänglich gestiegen, dann aber wieder um so stärker gefallen. Sie gestalten sich, ebenfalls im Durchschnitt des Preußischen Staats, folgendermaßen:

	1880.	1881.	1882.	1883.	1884.
Weizen:	219.	220.	208.	184.	162.
Roggen:	193.	202.	161.	147.	143.

Im Durchschnitt des Jahres 1885 stand der Weizen in Berlin, wo die Preise annähernd immer den Preisen im Durchschnitt des Pr. Staats gleichgekommen sind, auf 161 ℳ, der Roggen auf 147 ℳ, augenblicklich (Ende October 86) der Weizen auf 150 ℳ, der Roggen auf 125 ℳ. Es läßt sich also hieraus doch erkennen, daß seit 1879 eine dauernde Tendenz zum Sinken der Preise vorhanden gewesen ist, denn die vorübergehende Steigerung während der Jahre 1880 und 1881 erklärt sich mit großer Sicherheit durch das rapide Fallen des russischen Exports in den Jahren 1880 und 81 und des nordamerikanischen Exports im Jahre 1881. Auch die deutschen Ernten waren ungleich ungünstiger ausgefallen, als im Jahre 1878. Mit dem Jahre 1882 aber beginnen die Preise wieder zu sinken, und es steht heute der Weizenpreis 46 ℳ unter dem niedrigen Preis des Jahres 1879 und 74 ℳ unter dem Durchschnittspreis der 9 Jahre 1871—79, der Roggenpreis 19 ℳ unter dem des Jahres 1879 und 46 ℳ unter dem 9jährigen Durchschnittspreis.

Hiebei ist aber im höchsten Maße überraschend, daß das Sinken der Preise im siebziger Jahrzehnt seine Erklärung findet in den colossalen Urbarmachungen in den Vereinigten Staaten von Nord=Amerika, während ein gleich starkes Wachsthum der mit Brodfrüchten bebauten Flächen daselbst in der neuesten Zeit absolut nicht erkennbar ist. Es sind daselbst mit Weizen bestellt gewesen:

1870: 7,762,445 Hectar,
1875: 10,676,452 „
1876: 11,180,502 „
1877: 10,634,377 „
1878: 12,994,156 „
1879: 13,288,547 „

und es hat sich demnach in 9 Jahren die mit Weizen bestellte Fläche um 5,526,102 Hectar vermehrt.

Seit 1880 ist aber die Weizencultur in viel langsameren Schritten vor sich gegangen. Für das Jahr 1886 ist, wie ich einem Telegramm der „Rostocker Zeitung" entnehme, die in den Vereinigten Staaten mit Weizen bestellte Fläche vom dortigen landwirthschaftlichen Büreau auf 37 Millionen Acres festgestellt worden, was 14,973,695 Hectar ausmacht. Das wäre also während dieser 7 Jahre nur eine Vermehrung um 1,685,148 Hectar. Nach früheren Ermittelungen des Ackerbaudepartements in Washington wurde der Durchschnittsertrag des Weizens auf 13 Bushel vom Acre angegeben, was 11,27 Hectoliter = 16,91 Ctr. vom Hectar oder 426 ℳ vom pr. Morgen ergiebt.

So niedrig dieser Ertrag nach allem Geschrei, welches über die un=

erschöpfliche Fruchtbarkeit des nordamerikanischen Bodens gemacht wurde, auch erscheinen muß,[1]) so ist er doch durchaus richtig, denn nach den Flächen, die im siebziger Jahrzehnt mit Weizen bestellt gewesen und nach den Erträgen, die dafür ermittelt sind, berechnet er sich ganz genau so. Es ergiebt sich danach für die letzten 7 Jahre eine Vermehrung des nordamerikanischen Weizenertrags um 28,495,852 Ctr. Rechnet man hievon die Aussaat mit 340 ℔ pro Hectar ab, was niedrig gegriffen wäre, so verbleibt eine Vermehrung der zur Brodnahrung verbleibenden Weizenmenge um 22,766,349 Ctr. Dieses Quantum wird aber bis auf einen kleinen Theil durch den im Verlauf dieser 7 Jahre eingetretenen Mehrbedarf absorbirt werden. Es berechnet sich nämlich der Zuwachs der nordamerikanischen Bevölkerung auf etwa 882,000 im Jahr, das macht in 7 Jahren 6,174,000, und deren Weizenbedarf würde sich bei einem jährlichen Consum von 300 ℔ pro Kopf, die man für die Vereinigten Staaten rechnet, auf 18½ Millionen Ctr. stellen.

Man kann daher mit vollster Sicherheit annehmen, daß dasjenige Weizenquantum, was durch Zunahme der mit Weizen bebauten Fläche von den Vereinigten Staaten heute mehr exportirt wird, als 1879 — soweit man dabei nach mittleren Erträgen rechnet, — sich höchstens auf 4 Millionen Ctr. beläuft.

Es mag hier beiläufig zur Veranschaulichung bemerkt sein, daß der Weizenexport der Vereinigten Staaten nach amtlichen Feststellungen betragen hat:

1868—69:	17,907,000 Bushels[2])	1877—78:	72,405,000 Bushels
1869—70:	36,997,000 „	1878—79:	122,354,000 „
1870—71:	34,791,000 „	1879—80:	153,253,000 „
1871—72:	27,000,000 „	1880—81:	150,565,000 „
1872—73:	39,592,000 „	1881—82:	95,272,000 „
1873—74:	71,834,000 „	1882—83:	106,385,000 „
1874—75:	53,327,000 „	1883—84:	70,349,000 „
1875—76:	55,073,000 „	1884—85:	84,683,000 „
1876—77:	40,325,000 „		

Für 1885—86 liegt noch keine Berechnung vor, 1886—87 dürfte der Export, — wenn nicht in diesem Jahrgang erhebliche Mengen alter Vorräthe zum Versand gelangen sollten, — nach der mit Weizen bestellten Fläche zu rechnen, höchstens 100 Millionen Bushels betragen, also immer noch sehr bedeutend weniger, als 1879—80.

---

[1]) Für das Deutsche Reich berechnet sich der durchschnittliche Weizenertrag auf 630 ℔, für den Preußischen Staat auf 720 ℔, für Frankreich auf 570 ℔, für England auf nahezu 900 ℔ pro Preußischen Morgen. [2]) Ein amerik. Bushel = 35,24 Liter.

Nun hat sich die Bevölkerung seit 1879 in allen Ländern vermehrt, und es kann daher dem Bedarf in gleichem Maße, wie es 1879 geschehen ist, nur genügt sein, wenn auch noch in anderen Ländern, als den Vereinigten Staaten, in entsprechendem Verhältniß neue Flächen Landes mit Brodkorn bestellt worden sind. Ist dies geschehen? Das ist ohne Zweifel eine der interessantesten Tagesfragen, die sich sehr leicht und sicher würde beantworten lassen, wenn für alle Länder, die mit einander Getreidehandel treiben, eine so sorgfältige Anbau=Statistik vorläge, wie für die Vereinigten Staaten. Aber dies ist leider nicht der Fall, und man kann daher heute so wenig wie später mit Bestimmtheit berechnen, in welchem Maße die landwirthschaftliche Production dem gewachsenen Nahrungsbedürfniß Rechnung getragen hat. Wollen wir uns diese Frage einigermaßen zur Klarheit bringen, so bleibt uns kein anderer Ausweg, als daß wir der Anbau=Statistik so weit folgen, als sie uns Aufschlüsse zu geben vermag, und die dann verbleibenden Lücken durch die Veränderungen im Import und Export, soweit Material über dieselben vorliegt, zu ergänzen suchen. Wir werden dabei nicht zu einem Ergebniß von irgend welchem wissenschaftlichen Werth gelangen, aber wir werden doch mit ausreichender Sicherheit daraus erkennen, daß seit dem Jahre 1879 die Vermehrung der Anbauflächen dem gesteigerten Nahrungsbedarf so wenig gefolgt sein kann, wie sie in den Jahren vorher durch die colossalen Urbarmachungen in Nord=Amerika demselben voranzueilen strebte.

Berechnen wir zunächst, in welchem Betrage die Bevölkerung der europäischen Importländer — denn deren Bedarf ist bei der Bildung der Getreidepreise hauptsächlich ausschlaggebend — in den 7 Jahren von 1879—86 sich vermehrt hat. Wir können das sehr leicht, indem wir die Unterschiede in der Bevölkerungszahl nach zwei entfernter auseinander liegenden Volkszählungen mit einander vergleichen und daraus den jährlichen Zuwachs in den verschiedenen Ländern ermitteln. Diese Berechnung gestaltet sich folgendermaßen:

Tabelle nebenstehend.

Länder.	Bevölkerung und Jahr der Volkszählung[1])	Bevölkerung und Jahr der Volkszählung[2])	Differenz	Volksvermehrung in einem Jahr	Volksvermehrung in 7 Jahren
Deutschland	1871. 41,058,000	1885. 46,840,000	in 14 Jahren 5,782,000	413,000	2,891,000
Frankreich	1866. 36,470,000	1881. 37,670,000	in 15 Jahren 1,200,000	80,000	560,000
Großbritannien und Irland	1871. 31,817,000	1881. 35,240,000	in 10 Jahren 3,420,000	342,000	2,394,000
Belgien	1869. 5,021,000	1884. 5,780,000	in 15 Jahren 759,000	50,600	354,000
Niederlande	1870. 3,688,000	1884. 4,490,000	in 14 Jahren 802,000	57,300	401,000
Schweiz	1870. 2,669,000	1880. 2,840,000	in 10 Jahren 171,000	17,100	119,000
Schweden und Norwegen	1870. 6,114,000	1884. 6,550,000	in 14 Jahren 436,000	31,100	218,000
Italien	1871. 26,716,000	1884. 29,360,000	in 13 Jahren 2,644,000	203,400	1,423,000
Spanien	1867. 16,090,000	1883. 17,030,000	in 16 Jahren 940,000	58,700	411,000
Portugal	1868. 4,360,000	1881. 4,710,000	in 13 Jahren 349,000	26,800	188,000
Griechenland	1870. 1,457,000	1879. 1,980,000	in 9 Jahren 523,000	58,000	406,000

Volksvermehrung von 1879 bis 1886 im Ganzen 9,365,000

• Es hat sich also die Bevölkerung der europäischen Importländer um rund 9 Millionen vermehrt, für die man einen Brodkornverbrauch von 300 ℔ pro Kopf und Jahr berechnen muß. Es wird zwar von der italienischen Bevölkerung erheblich weniger an Weizen und Roggen consumirt, da bei dieser der Mais eine fast ebenso bedeutende Rolle in der Volksernährung spielt, und dasselbe wird in einigen anderen südlichen Ländern der Fall sein, aber was hier weniger verzehrt wird, wird reichlich ausgeglichen durch den Mehrbedarf mancher anderer Länder.

[1]) Die Volkszahlen in der ersten Spalte sind dem Buch: „Die Bevölkerung der Erde" von E. Behm und H. Wegner, die der zweiten der „Bevölkerungslehre" von Rümelin in dem „Handbuch der statistischen Oeconomie" entnommen.

Man berechnet für Deutschland einen Bedarf an Weizen und Roggen zu Brodnahrung von mehr als 360 *l*,¹) für Frankreich ergeben sich schon aus der Agrarstatistik, die Importe ungerechnet, 334 *l*, für Belgien 350 *l*, auch in Spanien scheint der Bedarf 300 *l* noch zu übersteigen, so daß ein durchschnittlicher Verbrauch von 300 *l* entschieden sehr gering angenommen ist. Das ergäbe also einen Mehrbedarf der genannten Importländer an Weizen und Roggen von 27 Millionen Ctr., der nur gedeckt sein kann, wenn der Ertrag von 1—1½ Million Hectaren, die bis 1879 noch nicht cultivirt oder dem Handel nicht erschlossen gewesen sind, diesen Ländern zugeströmt ist. Es müßte also in den übrigen Ländern während der letzten 7 Jahre nahezu so viel Land dem Anbau von Weizen und Roggen zugeführt worden sein, als in den Vereinigten Staaten von Nord-Amerika.

Nun ist durchaus nicht anzunehmen, daß in den hoch cultivirten europäischen Importländern überhaupt noch ein nennenswerther Mehranbau stattgefunden habe. Für einige derselben läßt sich dies sogar statistisch nachweisen. Im Deutschen Reich haben die Anbauflächen betragen: ²)

	1878.	1879.	1880.	1881.
Für Weizen und Spelz:	2,217,088.	2,345,640.	2,201,647.	2,195,352.
Für Roggen:	5,934,927.	5,928,769.	5,920,668.	5,913,485.
Zusammen:	8,152,015.	8,274,409.	8,122,315.	8,108,837.

	1883.	1884.	
Für Weizen und Spelz:	2,295,136.	2,295,650	Hectar.
Für Roggen:	5,811,856.	5,831,362	„
Zusammen:	8,106,992.	8,127,012	Hectar.

Hier scheint demnach eine Verminderung des Anbaus stattgefunden zu haben, aus der eine Verminderung des Brodkornertrags um mehr als 3 Millionen Centner zu schließen wäre.

Ueber die Anbauflächen in Großbritannien und Irland finden wir Folgendes:

	1878.	1879.	1880.	1881.	1882.
Weizen:	3,381,701.	3,056,428.	3,065,895.	2,967,059.	3,163,809 Acres.
Roggen:	71,074.	58,288.	47,937.	47,084.	64,382 „
Zus.:	3,452,775.	3,114,716.	3,113,832.	3,014,143.	3,228,191 Acres.

---

¹) Vgl. den trefflichen Aufsatz von E. Engel in Nr 3, 4 und 6 des III. Jhg. der „Nation". ²) Die nachstehenden Zahlen sind sämmtlich dem Werk: „v. Neumann-Spallart, Uebersichten der Weltwirthschaft, 1884" entnommen, nur die Zahlen der für Deutschland angegebenen Anbauflächen pro 1883 und 84 sind dem „Statistischen Jahrbuch für das Deutsche Reich, 1885 und 1886" entlehnt.

Auch hier also ein Minderanbau um den Betrag von nahezu 2 Mill. Ctr. Brodkorn.

Dagegen lassen sich für Frankreich keine nennenswerthen Veränderungen constatiren, wie nachfolgende Zahlen erweisen:

	1876.	1877.	1878.	1879.	1880.	1881.	1882.
Weizen:	6,859.	6,977.	6,955.	6,942.	6,880.	6,959.	6,908 Mill. Hect.
Roggen:	1,838.	1,847.	1,810.	1,771.	1,848.	1,777.	1,871 „ „
Zus.:	8,697.	8,824.	8,765.	8,713.	8.728.	8,736.	8,779 Mill. Hect.

Dasselbe dürfte für die Niederlande gelten:

	1861—70.	1871—79.	1880.	1881.
Weizen:	83,950.	85,737.	92,584.	88,940 Hectar.
Spelz:	359.	315.	283.	— „
Roggen:	197,713.	195,977.	197,326.	196,492 „
Zusammen:	282,022.	282,029.	290,193.	285,432 Hectar.

Für die übrigen Importländer liegt eine Anbaustatistik, die Vergleiche ermöglichte, nicht vor, doch kann man sich aus den Importlisten schon einigermaßen überzeugen, daß ein nennenswerther Mehranbau nicht stattgehabt haben kann. In Norwegen und Schweden ist das Wachsthum der Einfuhr ziemlich proportional dem Wachsthum der Bevölkerung, in Portugal ist die Einfuhr viel stärker gewachsen, als die Bevölkerung, in der Schweiz desgleichen, und für Belgien läßt sich bei von Neumann-Spallart aus den angegebenen Durchschnittserträgen pro Hectar und den Erntemengen für eine Reihe von Jahren berechnen, daß die Anbauflächen nicht vermehrt worden sind. Für Griechenland fehlt es für die betreffende Periode an allen Angaben, doch ist die gesammte Anbaufläche, die für das Jahr 1875 auf 360,624 Hectar angegeben ist, zu gering, als daß etwaige Veränderungen irgend wie ins Gewicht fallen könnten. Nur allein für Italien könnte das Verzeichniß der Ein- und Ausfuhr im ersten Augenblicke zu Zweifeln Anlaß geben, insofern gerade in den Jahren 1881 und 82 die Mehreinfuhr bedeutend geringer geworden ist, allein die stärkste Differenz zwischen den Jahren 1879 und 81, die sich auf ca. 8 Millionen Ctr. beläuft, erklärt sich zum Theil dadurch, daß das Jahr 1879 allgemein ein hohes Importjahr gewesen ist, und andererseits würde bei der als üblich angegebenen Weizenfläche von 4,736,705 Hectar ein Mehrertrag von annähernd 2 Ctr. pro Hectar in einem fruchtbareren Jahr nichts Ungewöhnliches sein.

Man kann also unbedenklich behaupten, daß für sämmtliche Importländer die Annahme einer Anbauvermehrung ausgeschlossen ist. Reichen auch die Angaben für die Mehrzahl der Länder nicht über 1882 hinaus, so läßt sich doch für diese höher cultivirten Länder aus der voraufgegangenen Bewegung auch auf die folgenden Jahre schließen. Im Allgemeinen drängt schon die größere Intensität der Wirthschaft dahin, mehr den Futterbau auszudehnen und dagegen den Anbau der Cerealien zu beschränken.

Unter den Exportländern läßt sich für einige ebenfalls mit ziemlicher Sicherheit erkennen, daß von einem Mehranbau von Brodfrüchten seit 1879 nicht die Rede sein kann. Oesterreich=Ungarn hatte 1882 einen Mehrexport an Weizen von 2,196,000 Ctr., nachdem es 1880 einen ziemlich erheblichen Mehrimport von 1,234,000 und 1881 einen geringfügigen von 415,000 Ctr. gehabt, und in dem Jahre 1883 steigerte sich die Mehrausfuhr nach der Oesterr. Statistik sogar auf 2,808,279 Ctr. Allein die Letztere übertrifft die Mehrausfuhr des Jahres 1878 doch nur um die Kleinigkeit von 650,000 Ctr., die bei der Größe des Areals leicht durch größere Bodenergiebigkeit zu erklären ist, und sie sank auch 1884 bereits wieder auf 1,108,576 Ctr. Dänemarks Ausfuhr an Brodkorn ist überhaupt nur sehr gering. Es hat sich schon seit Langem in guter Cultur befunden, und die Production wird in letzter Zeit nicht mehr gewachsen sein, als die Bevölkerung. Auch die Ausfuhr der Unteren Donauländer, die an sich nicht sehr bedeutend ist, 1879 4½ Millionen Ctr., ist 1880 und 81 so sehr zurückgegangen, daß eine Vergrößerung der Anbauflächen nicht stattgehabt haben kann. Chile's Weizenproduction, die sich in dem günstigsten Jahr 1873 auf 4,599,000 Ctr. belaufen hat, scheint eher zurück, als vorwärts zu gehen, Aegyptens Ausfuhr hat schon 1862 ihren Höhepunkt gehabt, und Algier, das es mitunter schon zu Getreideexporten von 2 Millionen Ctr. gebracht hat, ist schon zu sehr dem Witterungswechsel ausgesetzt, als daß es ernstlich in Betracht kommen könnte.

Dagegen aber haben wir zwei Ausfuhrländer zu beachten, in denen die Bodenproduction zweifellos im Fortschritt begriffen ist, nämlich Australien und Canada. In Ersterem ist die Zunahme nicht so rasch vor sich gegangen, als man gehofft hatte, und die Ausfuhr ist von 1879 bis 1882 nicht sehr bedeutend gestiegen, namentlich hat sie sich nach dem Hauptimportland von australischem Weizen, Großbritannien, nur sehr wenig gehoben. Dieses führte von dort ein:

1876	. .	2,600,000	Ctr.	Weizen[1])
1877	. .	425,000	„	„
1878	. .	1,453,000	„	„
1879	. .	2,247,000	„	„

[1]) Nach v. Neumann=Spallart.

1880 . . 4,267,000 Ctr. Weizen
1881 . . 2,978,000 „ „
1882 . . 2,475,000 „ „

Eine Anbaustatistik scheint nicht vorhanden zu sein, sondern nur die Ernten sind eingeschätzt worden. Diese Schätzungen lassen einen sicheren Rückschluß auf die Anbauflächen nicht zu, weil sie den Witterungseinfluß in den verschiedenen Jahren nicht erkennen lassen. Gleichwohl läßt sich aus dem von 1877 bis 1880 vor sich gegangenen Wachsthum der Erntemengen schließen, daß auch die mit Weizen bestellten Ackerflächen sich vergrößert haben müssen, aber man wird unter Berücksichtigung des wachsenden Bedarfs der Bevölkerung reichlich hoch greifen, wenn man annimmt, daß die australische Weizenausfuhr sich von 1879 bis jetzt durch Mehranbau um 2 Millionen Ctr. gehoben haben könnte. Und ebenso wird man für Canada schätzen müssen. Aus diesem Lande hat die Mehrausfuhr an Weizen betragen:

1877—78 . . 2,874,000 Bushels = 36,35 Liter[1])
1878—79 . . 4,999,000 „
1879—80 . . 4,647,000 „
1880—81 . . 1,752,000 „

Seitdem wird die Bodenproduction in Folge der Verbesserung der Verkehrswege sich gehoben haben, aber man würde doch über das Ziel hinausschießen, wenn man sich in dieser Beziehung einen verhältnißmäßig ebenso großen Fortschritt vorstellen wollte, wie er während der siebziger Jahre in den Vereinigten Staaten stattgefunden hat. Die Vermehrung der Anbauflächen könnte höchstens der in den Letzteren während der letzten 7 Jahre vor sich gegangenen im Verhältniß der Volkszahl gleichgekommen sein, und wenn man danach rechnet, kommt man auf eine Vermehrung der zum Export disponiblen Menge um höchstens 2 Millionen Ctr. gegen 1879.

Während der in Rede stehenden Periode von 1879—86 ist nun noch ein anderes Land mit größeren Weizenmengen auf die europäischen Märkte getreten, und den Betrag, um den sich seine Exporte vermehrt haben, haben wir hinzuzurechnen denjenigen Getreidemengen, die durch Vermehrung der Anbauflächen für den Consum disponibel geworden sind. Dieses Land ist Ostindien. Es ist bekannt, wie dasselbe in jüngster Zeit auch in Bezug auf die Unerschöpflichkeit und Wohlfeilheit seiner Weizenproduction als Wunderland hingestellt worden ist. Heut sind wir in der Lage, einen großen Theil der Anpreisungen in das Bereich des Sagenhaften zu verweisen. Die ersten Uebertreibungen

[1]) Nach v. Neumann-Spallart.

scheinen von der Ostindischen Regierung ausgegangen zu sein, der es darum zu thun war, englisches Capital zum Bau von Eisenbahnen anzulocken, hauptsächlich aber haben sich die nordamerikanischen Bimetallisten, die den angeblich colossalen Aufschwung dieses Landes als günstige Folge seiner Silberwährung hinzustellen suchten, sehr arge Entstellungen zu Schulden kommen lassen. Ostindien leidet an drei Uebelständen, die ihm die Concurrenz auf landwirthschaftlichem Gebiet sehr erschweren. Der seit Jahrtausenden irrationell bewirthschaftete Boden ist durchaus nicht so ergiebig, um bei niedrigem Getreidepreis eine entsprechende Rente abzuwerfen, das Tropenklima gefährdet die Saaten in manchen Jahren in sehr bedenklichem Maße, und die Bevölkerung ist von so hoher Dichtigkeit, daß sie bei ungünstiger Witterung sogar an Hungersnöthen leidet. Die Weizenausfuhr hat sich 1881—82 auf nahezu 20 Millionen Ctr. aufgeschwungen, sank aber im folgenden Jahre wieder auf 14 Millionen, hob sich indessen 1883—84 und 1885—86 wieder auf 21 Millionen. Das Haupt-Importland von ostindischem Weizen, Großbritannien, führte ein:

1871	220,023 Ctr.[1]		1878	1,801,680 Ctr.
1872	156,665	„	1879	887,006 „
1873	740,934	„	1880	3,247,242 „
1874	1,073,940	„	1881	7,308,842 „
1875	1,334,366	„	1882	8,477,479 „
1876	3,279,887	„	1883	11,243,597 „
1877	6,104,940	„	1884	8,009,909 „

Schon vor einem Jahre wurde aus Ostindien berichtet, daß die dortigen Bauern bei heutigen Preisen im Weizenbau keine Rechnung fänden und zum Theil mit dem Gedanken umgingen, zum Anbau der früher cultivirten Handelsgewächse wieder zurückzukehren. Diese Mittheilung wurde damals bestritten, neuerdings ist aber bereits von bimetallistischen Zeitungen zugegeben, daß die dortige Weizenbaufläche um 600,000 Acres eingeschränkt worden sei. Das würde eine zukünftige durchschnittliche Verminderung des Weizenexports um 4 bis 5 Millionen Ctr. bedeuten. Ostindien wird also in der Folge dem steigenden europäischen Brodbedarf nichts zu bieten haben, und was es demselben von 1879 bis 86 im höchsten Falle durchschnittlich zugeführt haben kann, läßt sich leicht berechnen, indem man den gesammten Weizenexport für die Jahre 1879/80 bis 85/86 dem der Jahre 1872/73 bis 1878/79 gegenüberstellt. Man kommt dabei zu folgendem Ergebniß:

---

[1] Nach v. Neumann-Spallart, nur die Zahlen für 1883 und 84 sind einer aus amtlichen Quellen geschöpften Mittheilung der „Königsberger land- und forstwirthschaftlichen Zeitung" entnommen.

1872—73¹)	394,010 Ctr.		1879—80	2,195,550 Ctr.
1873—74	1,755,954 „		1880—81	7,444,375 „
1874—75	1,069,076 „		1881—82	19,863,520 „
1875—76	2,498,185 „		1882—83	14,151,765 „
1876—77	5,583,336 „		1883—84	21,001,412 „
1877—78	6,340,150 „		1884—85	15,854,292 „
1878—79	1,044,709 „		1885—86	21,061,000 „
Durchschnitt:	2,669,346 Ctr.		Durchschnitt:	14,510,272 Ctr.

Es sind also im Durchschnitt der letzten 7 Jahre 11,840,927 Ctr. mehr ausgeführt, als im Durchschnitt der vorausgegangenen 7 Jahre, und da neuerdings eine Verminderung der Anbaufläche eingetreten ist, dürfte auch bis in das neueste Jahr hinein die durchschnittliche Mehr= ausfuhr kaum höher zu rechnen sein, jedenfalls mit einer Ver= anschlagung derselben auf 12 Millionen nicht zu niedrig gegriffen werden.

Wir wären also bis jetzt dahin gelangt, daß für den, durch die Volksvermehrung in den europäischen Importländern bedingten Mehr= bedarf an Brodnahrung durch Vermehrung der Anbauflächen in Nord= Amerika 4 Millionen, in Australien 2 Millionen und in Canada 2 Millionen Ctr., durch die Steigerung des Ostindischen Exports 12 Millionen Ctr. Brodkorn gewonnen sein möchten. Das wären zu= sammen 20 Millionen Ctr., während wir vorhin den Mehrbedarf auf 27 Millionen berechnet hatten. Es fehlt uns aber in unseren Be= trachtungen noch ein Exportland, und zwar das wichtigste von allen, nämlich Rußland, und es käme zur Frage, ob in diesem die Anbau= flächen so viel vermehrt wären, daß es seinen durchschnittlichen Export um 7 Millionen Ctr. an Weizen und Roggen zu erhöhen vermöchte.

Die Bevölkerung des europäischen Rußland mit Polen und Finn= land hat 1867 71,195,394, 1881 dagegen 87,440,000 betragen. Sie hat sich also im Durchschnittsjahr um 1,082,974 vermehrt, was für die 7 Jahre seit 1879 eine Volksvermehrung um 7,580,818 Seelen ergeben würde. Daß bei solchem Zuwachs in erheblichem Maße Neu= land cultivirt sein wird, ist zweifellos, denn ein großer Theil desselben wird sich dem Landbau hingegeben haben. Aber der Mehrbedarf an Brodnahrung, der durch solche Volksvermehrung bedingt wird, ist auch ein sehr erheblicher. Er würde sich, den vorhin grundleglich gemachten Consum von 300 Pfund pro Kopf angenommen, was für Rußland eher zu niedrig, als zu hoch gegriffen sein dürfte, auf nahezu 23

---

¹) Die Zahlen für die Jhgg. 1872—73 bis 1881—82 nach v. Neumann Spallart, für die folgenden Jhgg. nach amtlichen Daten; das Fiscaljahr vom 1. April bis 31. März.

Millionen Ctr. stellen, und ein solches Quantum zu gewinnen, würde sich die Urbarmachung einer ähnlich großen Fläche vernothwendigen, wie wir sie für Nord=Amerika für die letzten 7 Jahre berechnet haben. Es ist aber im höchsten Maße unwahrscheinlich, daß ein derartiger Fortschritt in der Bodenproduction stattgehabt habe. Urbarmachungen von so colossalem Umfange, wie sie in den Vereinigten Staaten selbst in jüngster Zeit noch stattgefunden, stehen in ihrer Art einzig da. Sie sind nur erklärlich durch die Eigenart des amerikanischen Volks und würden niemals stattfinden können ohne jene hochgradige Unter= nehmungslust, durch die dasselbe alle anderen Völker übertrifft. Vor Allem scheint der Charakter des russischen Volks dazu nicht angethan zu sein, und am wenigsten in Zeitläuften, die für landwirthschaftliche Unternehmungen in besonderer Weise ungünstig sind. Es liegen auch keinerlei Anzeichen vor, die auf eine innere Colonisation von solchem Umfange schließen ließen. Wirft man sein Auge auf die Verzeichnisse der eingeschätzten Ernteerträge von Weizen und Roggen, soweit die= selben bei v. Neumann=Spallart mitgetheilt sind, so wird man kaum geneigt sein, überhaupt an eine wesentliche Vermehrung der An= bauflächen zu glauben. Die Erträge stellen sich danach in Tschetwert[1]) folgendermaßen:

	1877.	1878.	1879.
Weizen und Spelz:	42,464,000.	33,397,000.	28,778,000.
Roggen:	107,973,000.	122,342,000.	95,178,000.
zusammen:	150,437,000.	155,739,000.	123,956,000.

	1880.	1881.
Weizen und Spelz:	27,481,000.	44,515,000.
Roggen:	86,970,000.	105,923,000.
zusammen:	114,451,000.	150,438,000.

Gestatten diese Zahlen auch keinen Rückschluß auf die Anbauflächen der Art, daß man etwa sagen könnte, dieselben seien zurückgegangen oder stehen geblieben, so lassen sie doch auch durchaus nicht erkennen, was die nordamerikanische Erntestatistik in so hohem Maße thut, daß die Anbauflächen von Weizen und Roggen sich vermehrt hätten. Und ebenso wenig läßt die Exportliste einen solchen Schluß zu. Es sind nämlich ausgeführt in Tschetwert:

	1876.	1877.	1878.	1879.
Weizen:	9,236,518.	8,658,261.	17,265,944.	13,920,609.
Roggen:	8,071,433.	9,997,397.	10,010,996.	12,020,222.
zusammen:	17,307,951.	18,655,658.	27,276,940.	25,940,831.

[1]) Ein Tschetwert = 2,099 Hectoliter. Man rechnet in Rußland den Tschetwert Weizen zu 10 Pud, die nach metrischem Gewicht rund 328 ℔ aus= machen, den Tschetwert Roggen zu 9 Pud = rund 295 ℔.

	1880.	1881.	1882.
Weizen:	6,139,467.	8,222,397.	12,823,094.
Roggen:	5,969,987.	4,258,272.	5,650,244.
zusammen:	12,109,454.	12,480,669.	18,473,338.

Auch die Ausfuhr der folgenden 3 Jahre, die mir durch Vermittlung eines Freundes nach officiellen Daten mitgetheilt worden ist, läßt trotz der Steigerung der Ausfuhr auf eine über den Bedarf des Bevölkerungszuwachses hinausgehende Vermehrung der Anbauflächen nicht schließen. Nach diesen Mittheilungen wurden ausgeführt in Tschetwert:

	1883.	1884.	1885.
Weizen:	14,067,000.	11,370,000.	15,458,000.
Roggen:	7,676,000.	7,662,000.	8,140,000.
zusammen:	21,743,000.	19,032,000.	23,598,000.

Hat sich der russische Export in den letzten 3 Jahren nicht unerheblich wieder gehoben, so bleibt er doch ganz beträchtlich hinter dem der Jahre 1878 und 1879 zurück. Das Ergebniß bleibt also immer, daß keinerlei Gründe vorliegen, für Rußland eine Anbauvermehrung anzunehmen von solchem Umfange, daß dadurch der Export gesteigert sein könnte.

Darf man das aber als sicher betrachten, so muß man auch zu der Ueberzeugung gelangen, daß seit 1879 nicht mehr so erhebliche Fortschritte in der Brodkornproduction gemacht worden sind, als es hätte geschehen müssen, um für die heutige Bevölkerung gleiche Flächen zum Anbau von Weizen und Roggen verfügbar zu haben, als es 1879 der Fall gewesen ist, oder vielmehr, — um jedem möglichen Mißverständniß vorzubeugen, — daß bei durchschnittlichem Ernteergebniß durch den Getreideexport nicht mehr dem Verhältniß der Bevölkerung ebenso entsprechende Brodkornmengen in die in Rede stehende Gruppe von Importländern gelangen. Selbst wenn die Ausfuhr Canadas und Australiens in Wirklichkeit heute etwas größer sein sollte als vorhin angenommen ist, und selbst wenn der Export von Algier stärker gewachsen sein sollte, als mir glaublich erschien, würde hieran festzuhalten sein, denn es sind manche wichtige Importgebiete wie ganz Süd-Amerika, Mittel-Amerika und Westindien garnicht in Betracht gezogen, und es ist doch in höchstem Maße wahrscheinlich, daß auch deren Bedarf sich gesteigert haben wird. Es ergiebt sich also als zweifellos, daß seit 1879 jenes Voraneilen der Production vor dem Consum, welches in den letzten Jahren vorher so unzweifelhaft stattgefunden, zu einem Stillstand gelangt ist, und hierin eben offenbart sich, daß nicht ein vermehrtes Angebot das seit 1882 eingetretene Sinken der Getreidepreise herbeigeführt haben kann, sondern daß die Ursachen hiefür lediglich auf Seite der Nachfrage zu suchen sind. Mag auch die Agrarstatistik wegen der Schwierigkeit und Unsicherheit der Erhebung im höchsten Maße an Unvollkommenheit leiden, sodaß sich den einzelnen Zahlen an und für sich eine Bedeutung nicht beimessen läßt, so bietet sie uns doch für Vergleichungen sehr schätzbaren Stoff, da die Fehler des einen Jahres sich decken durch die der andern. Soweit sich aber aus den Zahlen Schlüsse ziehen lassen, überführen sie uns, daß die Lage der Landwirthschaft durchaus nicht hoffnungslos liegt. Hätten wir uns in den letzten Jahren unter normalen wirthschaftlichen Verhältnissen befunden, so würden wir für Weizen und Roggen mindestens die Preise des Jahres 1879 gehabt haben; d. h. der Weizen würde dem Landwirth heute 46 ℳ., der Roggen 19 ℳ pro Tonne mehr einbringen, als er nach der augenblicklichen Conjunctur dafür zu gewinnen vermag.

Ja, man sollte eigentlich weit mehr annehmen. Man sollte denken, daß die Productionsverhältnisse mindestens so günstig liegen, als im Durchschnitt der 9 Jahre 1871—79. Gerade in dem Zeitpunkte 1878—79 war die Constellation eine so besondere, wie sie nur sehr selten vorzukommen pflegt. Das Jahr 1878 ist ein hervorragend fruchtbares gewesen in Rußland, in Oesterreich-Ungarn, in Großbritannien, in Deutschland, es hatte eine leidlich gute Ernte gebracht in Frankreich, und die Ausfuhr aus den Vereinigten Staaten hatte sich gegen das Vorjahr plötzlich um 50 Millionen Bushel Weizen gehoben. Es war also ein Jahr des Ueberflusses in fast allen, nach Größe und Volkszahl überwiegenden Ländern, und auch in Italien und Spanien, über die eine Erntestatistik für dieses Jahr nicht vorhanden zu sein scheint, kann es, nach der Einfuhr zu schließen, unbedingt kein ungünstiges gewesen sein. Man kann sich von dem ganz ungewöhnlichen Getreidereichthum dieses Jahres leicht ein Bild entwerfen, wenn man sich für die wichtigeren Länder berechnet, wie sehr die zum Consum vorhandene Menge desselben die Durchschnittsmenge, die in anderen Jahren disponibel war, überragt. Man gelangt dabei zu folgendem Ergebniß:

In Deutschland übertraf die Ernte an Weizen und Roggen zusammen im Jahre 1878 die Durchschnittsernte der Jahre 1878—84 incl. um . 27,685,000 Ctr.
In Großbritannien war die Weizenernte dieses Jahres größer, als die Durchschnittsernte der Jahre 1875—79 incl. um . . . . 11,418,000 „
Die russische Ausfuhr von 1878 an Weizen und Roggen zusammen übertraf die Durchschnittsausfuhr der Jahre 1876—82 incl. um . . . 26,837,000 „

Die Ausfuhr der Vereinigten Staaten an Weizen war 1878—79 größer, als 1883—84 um . . 26,430,000 Ctr. Das ergiebt also zusammen die ungeheure Menge von 92,370,000 Ctr. um welche die in Rede stehende Gruppe von Ländern in diesem Zeitpunkt an Brodkorn reicher war, als es in durchschnittlichen Jahren der Fall ist. Diesem Ueberfluß folgte zwar ein bedeutender Rückgang der Ernten von Deutschland und Großbritannien, und zugleich ein so außerordentlicher Rückgang des russischen Exports, ca. 40 Millionen Ctr., daß die Preise wieder bedeutend anstiegen, und es ist nur der starken Steigerung des nord-amerikanischen Exports zu verdanken, daß es in den Jahren 1880 und 81 nicht zu einem wirklichen Mangel gekommen ist. Mit dem Jahre 1882 gehen die Preise wieder zurück, was ganz erklärlich ist, weil Deutschland wieder eine bedeutende, wenn auch nicht an die des Jahres 1878 hinanreichende Ernte hatte, der russische Export sich wieder beträchtlich hob, und Ostindien gerade in diesem Jahre so ungewöhnlich exportirte. Aber daß nun in den folgenden 4 Jahren die Preise noch fort und fort gewichen sind, das eben kann in den auf den Weltmarkt gelangten Getreidemengen keine Erklärung finden. 1883 blieb die Weizen- und Roggenernte, 1884 die Roggenernte in Deutschland erheblich hinter dem Durchschnitt, sehr bedeutend aber hinter den Erträgen von 1878 zurück, und der nord-amerikanische Export verminderte sich sehr. Rußland's Ausfuhr hob sich zwar 1883 und 1884 nicht unerheblich, aber sie erreichte doch bei Weitem nicht die Höhe von 1878 und 79. Ueber die deutsche Ernte von 1885 liegt noch keine statistische Zusammenstellung vor; sie ist jedenfalls eine ungewöhnliche gewesen, aber wenn sie auch der Ernte von 1878 sollte gleichgekommen sein, so könnte doch darin kein Grund liegen für den weiteren Preisrückgang, denn der russische Export dieses Jahres ist noch um mehr als 11 Millionen Ctr. hinter dem von 1878 zurückgeblieben, der nord-amerikanische um mindestens 15 Millionen Ctr. Hält man also fest, daß die Zunahme der Ausfuhr von Canada, Australien und Ostindien den durch die Bevölkerungszunahme bedingten Mehrbedarf der Bevölkerung nicht zu decken vermag, so muß man erkennen, daß die Lage der Production im Wesentlichen nicht anders liegt, als in dem Durchschnitt des siebziger Jahrzehnts.

Wenn aber der Rückgang der Brodkornpreise lediglich durch ein Erlahmen der Nachfrage hervorgerufen ist, so kann sich doch darin nur die Schädlichkeit der Schutzzollpolitik offenbaren. Es wird das für manchen Landwirth, der sich mit warmer Begeisterung an der schutzzöllnerischen Agitation betheiligt hat, keine angenehme Erfahrung sein. Er wird sich ungern eingestehen wollen, daß er es sich selbst zu danken hat, daß er die reichen Roggen= und Weizenerträge der jüngsten Jahre, die ihm bei flotterem Geschäftsgang 46 resp. 74 .ℳ pro Tonne hätten mehr einbringen müssen, so spottwohlfeil hat weg= geben müssen, aber es giebt kein Mittel der Errettung für ihn, als daß er seinen Irrthum erkennt und mit demselben Eifer wieder gut= zumachen sucht, was er in allzu kurzsichtigem Vorgehen über sich heraufbeschworen hat. Das Erlahmen der Nachfrage nach Brodstoffen hat allerdings zum großen Theil in der wirthschaftlichen Krisis seine Ursache, aber ist denn diese wirthschaftliche Krisis, die so viele Menschen in ihrer Kaufkraft schwächte, nicht hauptsächlich das Werk unserer Schutzzollpolitik? Sie wurde gerade in dem Moment in's Leben ge= rufen, als nach den Erschütterungen des großen Krachs von 1873, einer beklagenswerthen, aber natürlichen Folge des Milliardensegens, der Proceß der Gesundung sich anzubahnen begann, und diesen Proceß hat sie gewaltsam zerstört. Nachdem eine namhafte Zahl leichtsinnig entstandener Unternehmungen vom Schauplatz verschwunden war, und der heftig zerrüttete Wohlstand sich wieder zu heben begann, hatten sich in den am meisten gefährdeten Zweigen der Industrie die un= verkennbaren Merkmale eines sich Bahn brechenden günstigeren Ver= hältnisses zwisches Production und Consumtion gezeigt, und bei fort= gesetzter ruhiger Entwicklung würde ohne Zweifel binnen wenigen Jahren das Gleichgewicht wieder völlig hergestellt sein. Da erweckten die eingeführten Schutzzölle wiederum eine gedankenlose Vertrauens= seligkeit, die alle Vorsicht bei Seite setzen ließ. Neue Unternehmungen aller Art entstanden, bestehende erweiterten sich. Man kann es zum Theil, namentlich bei verschiedenen Zweigen der Montanindustrie, statistisch verfolgen, in wie starker Weise von diesem Zeitpunkt an die Production sich vermehrte, und es war nur eine ganz natürliche und nothwendige Folge, daß bei wachsendem Angebot die Preise zurück= gingen, da die Nachfrage ohnehin noch nicht völlig gefolgt war, und die Schutzzölle ihr nur wiederum einen Dämpfer aufsetzten. Bei sinkenden Preisen verminderte sich in manchen Industriezweigen auf's Neue der Geschäftsgewinn, was schon der Nachfrage nach Brodstoffen die Regsamkeit nehmen mußte, und die mehr und mehr sich ver= schärfende und der Landwirthschaft nachtheilige Nothlage der Industrie erfuhr wieder eine große Verstärkung durch den wachsenden Nothstand der Landwirthschaft. Und dieser Nothstand der Landwirthschaft, ist er denn nicht ebenfalls zum großen Theil das Werk der Kornzölle? Die Landwirthschaft hatte ja, wie die Thatsachen heute zeigen, ihren kritischen Moment im Jahre 1879 bereits überwunden. Nach einem Jahr ungeheuren Ueberflusses, den die Concurrenz Nord=Amerikas und die Gunst der Witterung hervorgerufen, war die Natur selbst durch größere Kargheit dem Landwirth zu Hülfe gekommen. Die großen Vorräthe verzehrten sich, und nach dem eingetretenen Rückgang des Preises minderten sich ganz naturgemäß die fieberhaften Urbarmachungen im amerikanischen Westen. Was wäre da naturgemäßer und nothwendiger gewesen, als eine rasche Gesundung der Verhältnisse, wenn man nicht in so unüberlegter Weise die Keime der Heilung wieder zerstört hätte? Durch ungeheure Uebertreibungen über die Gefahr der nordamerikanischen Concurrenz, durch die man für die Kornzölle Propaganda zu machen suchte, machte man die Speculation besorgt und argwöhnisch, durch das Bestreben nach künstlicher Preissteigerung legte man das Bedürfniß auf's Neue in Fesseln, und durch die unüberlegten Zugeständnisse, die die Landwirthe zur Durchführung ihrer Kornzölle in schutzzöllnerischem Sinne den Industrien machten, schuf man der Bevölkerung noch weitere Erschwerungen, dem Drang ihres Nahrungsbedürfnisses in vollem Maße nachzukommen. So mußten in ganz nothwendiger Folge dieses Vorgehens Einflüsse mancherlei Art zusammenkommen, durch welche trotz der günstigeren Gestaltung der Productionsverhältnisse das fortschreitende Sinken der Preise hervorgerufen wurde.

Man sträubt sich mit großer Hartnäckigkeit, unseren Kornzöllen eine so tiefgehende Wirkung zuzutrauen. Man widerstrebt der Vorstellung, daß die Zollschranken des deutschen Reichs von so bestimmendem Einfluß auf die Bewegungen des Weltmarkts zu sein vermögen. Aber alle Bedenken dieser Art haben nur ihren Ursprung in dem Umstand, daß man sich bei der Einseitigkeit der schutzzöllnerischen Bestrebungen ganz entwöhnt hat, die Dinge des wirthschaftlichen Lebens in ihrem unlösbaren Zusammenhang zu erfassen und sich alle die verschiedenen Momente vor Augen zu halten, die ein jedes für sich von geringer Wirksamkeit sind, in ihrem Zusammenwirken aber eine außerordentliche Gewalt des Einflusses besitzen. Man wird jedoch leicht zu anderer Anschauung gelangen, wenn man sich klar zu machen sucht, wie mancherlei Strömungen sich bilden mußten, sobald durch die deutschen Kornzölle dem mächtigen Strom des Getreidehandels ein Damm entgegengesetzt wurde.

Zunächst wurde der deutsche Getreidehandel selbst durch dieselben in's Herz getroffen. Deutschland hatte früher einen bedeutenden Transithandel, der für viele unserer Seestädte eine wesentliche Quelle ihrer Blüthe war. Dieser Handel mußte sofort seine Endschaft finden, denn der Getreidehändler war nicht mehr in der Lage, zum Zweck des Handels nach dem Ausland Getreide über die Grenze zu bringen, weil er hier mit dem Verkauf einer Waare, welche bereits einen Zoll getragen, ein schlechtes Geschäft gemacht haben würde. Der Wohlstand unserer Seestädte ist dadurch empfindlich geschädigt worden, aber auch für den gesammten Getreidemarkt mußte dieses Eingehen einer wichtigen Handelsthätigkeit von nachtheiligem Einfluß sein. In dieser Beziehung sprechen die nachstehenden Zahlen, die uns v. Neumann-Spallart giebt, mit großer Beredsamkeit:

Die Gesammt-Umsätze des äußeren Getreidehandels haben betragen:

1876 . . . 36,484 Millionen Ctr.
1877 . . . . 49,532 „ „
1878 . . . . 47,59· „ „
1879   47,864 „ „
1880 . . 21,639 „ „
1881 . 22,122 „ „
1882 . . . 24,291 „ „

Es hat also unser Getreidehandel mit dem Ausland sich um die Hälfte vermindert, und es ist einleuchtend, daß es in hohem Maße niederdrückend wirken mußte, wenn in den Exportländern, aus denen der deutsche Handel seinen Bezug geschöpft hatte, namentlich in Rußland, plötzlich ein so erheblicher Theil der Nachfrage ausblieb. Diese nachtheilige Wirkung mußte bedeutend erhöht werden, weil der deutsche Handel durch die ganz natürliche Befürchtung, es könnte unter dem Einfluß der Zölle der Consum sich mindern, zu großer Zurückhaltung getrieben wurde, denn dadurch wurde wiederum der Nachfrage ihre Regsamkeit geraubt, und eine flaue Stimmung in den exportirenden Ländern hervorgerufen. So wurde hier die Neigung zu Concessionen aller Art erweckt. Die russischen Eisenbahnen, die die nächste und natürlichste Handelsstraße gefährdet fanden, ermäßigten ihre Frachtsätze, um dem dortigen Handelsstande die Erschwerungen des Zolls zu erleichtern, und dieser wieder, in Gefahr, durch den deutschen Kornzoll am Preis seiner Waare zu verlieren, drückte auf den Landmann, dem schließlich nichts übrig blieb, als seine Producte zu niedrigeren Preisen zu verkaufen. Alle diese Vorgänge mußten selbstverständlich noch in weitere Kreise hinein ihre Wirkung erstrecken. Der russische Händler, der den Absatz nach Deutschland erschwert fand, suchte sich für die Absatzquellen, die ihm versiegten, in anderen Ländern einen Ersatz, und hier wieder drückten seine Angebote auf die Preise der anderen Exportländer, mit denen er in Concurrenz trat. So machte sich die Wirkung in immer weiteren Kreisen fühlbar. Der deutsche Kornzoll erschwerte in erster Hand den grenznachbarlichen

Ländern ihren Absatz; die lähmende Wirkung, die hieraus hervorging, erstreckte sich weiter auf die Getreidemengen, die aus Nord-Amerika, Ostindien u. s. w. zusammenströmten; die wachsende Zurückhaltung der Importländer erschütterte das Vertrauen des Exports und machte denselben zu Preisermäßigungen geneigt, diese Geneigtheit des Exports aber wirkte wieder verflauend auf den Import zurück. Das Endergebniß dieser mehr und mehr sich ausdehnenden Verflauung ist das fortdauernde Sinken der Preise, und hieraus ist in aller Herren Ländern die langjährige Calamität der Landwirthschaft hervorgegangen, die wiederum für die Industrie das Hinderniß ihres Wiederaufschwungs abgiebt. In letzter Linie ist die deutsche Landwirthschaft, die sich durch die Kornzölle von der Concurrenz des Auslandes zu befreien suchte, von den Schädigungen ergriffen, die sie anderen Ländern zuzufügen strebte, denn indem ihre Zölle lähmend nach Innen und Außen wirkten und im Ausland die Preise zum Sinken brachten, wurden die Preise ihrer eignen Producte in dieselbe Strömung hineingezogen. Von Deutschland ist der verderbliche Strom in Bewegung gesetzt, auf Deutschland hat er sich in seinem Kreislauf mit ganzer Schwere zurückergossen.

Von der Vollständigkeit dieser Rückwirkung kann man sich kein klareres Bild machen, als wenn man die deutschen Weizenpreise der letzten 7 Jahre mit den englischen vergleicht. Rechnet man die nach dem Statistical Abstract for the United Kingsdom für Imperial-Quarter in Shilling und Pence notirten Preise in Reichsmark für Tonnen (1000 kg) um, so stellen sie sich den Berliner Marktpreisen gegenüber, die immer annähernd den Durchschnittspreisen des Preußischen Staates gleichgekommen sind, folgendermaßen:

	Englische Preise.	Berliner Preise.
1880	207	217,3
1881	212	219,5
1882	211	204,2
1883	195	186,1
1884	167	162,2
1885	154	160,3
Januar 1886	142	147,0
Juli 1886	146	147,6

Man ersieht hieraus, daß die Differenz zwischen den englischen und den Berliner Preisen von Jahr zu Jahr schwankt, wie es durch Verschiedenheiten in den Handelsverhältnissen, die sich nothwendig immer herausstellen müssen zwischen zwei Ländern, deren Import nicht aus denselben Quellen fließt, durch Verschiedenheiten der Qualität

u. dgl. bedingt wird. Trotz dieser Schwankungen aber erkennt man mit außerordentlicher Sicherheit, daß die Kornzölle nicht die Wirkung gehabt haben, die inländischen Preise gegen die des freihändlerischen England emporzuheben. Selbst die bedeutende Zollerhöhung vom Jahre 1885 ist in dieser Beziehung ganz spurlos vor sich gegangen. Es scheint vielmehr, daß die Berliner Preise seit 1883 stärker gefallen sind, als die englischen, und deutlicher kann sich die Verkehrtheit der Kornzölle gar nicht aussprechen. In Zeitläuften, in denen es an Vorräthen zur Ernährung der Menschheit nicht fehlt, und in denen die Welt über Transportgelegenheiten aller Art verfügt, die zwischen Ueberfluß und Mangel einen Ausgleich herbeiführen, greifen sie störend in die freie Handelsthätigkeit hinein und wirken durch die verflauende Stimmung, die sie erzeugen, niederdrückend auf den Preis; in Zeiten des Mangels werden sie allerdings den Preis um den Betrag, in dem sie erhoben werden, in die Höhe treiben, aber diese Wirkung tritt dann ein unter Verhältnissen, die ohnehin für den Absatz der Producte günstig sind, in denen also die Vertheuerung des Brods nur die wirthschaftliche Entwicklung zurückhält und damit auch der Landwirthschaft die Hülfsmittel entzieht, die ihrem ferneren glücklichen Aufschwung ersprießlich sind.

Es ist also eine arge Täuschung, wenn der Landwirth glaubt, durch die Zölle wenigstens den Vortheil erlangt zu haben, daß ihm sein Weizen um 30 ℳ. theurer bezahlt würde, als dem Engländer. Nicht einmal diese Hoffnung hat sich ihm erfüllt, sondern der einzige Erfolg, den er durch seine schutzöllnerische Agitation erzielt hat, ist der klar zu Tage getretene, daß er ganz in demselben Maße, in welchem er seine ausländischen Concurrenten geschädigt, auch sich selbst geschädigt hat.

Ob sich der Brodkornconsum in der That vermindert hat, läßt sich aus statistischen Zusammenstellungen zur Zeit noch nicht ersehen. Das Ernteergebniß des Jahres 1885 ist bis jetzt noch nicht bekannt gemacht, und für 1886 sind wir ja auch in Betreff des Imports noch ganz im Unklaren. Ueberdies würde es auch von geringem Nutzen hiefür sein, wenn wir die Zahlen der Ernte und der Mehreinfuhr genau zu ersehen vermöchten, weil sich Schlußfolgerungen über die Bewegungen des Getreideconsums immer erst aus dem Durchschnitt längerer Perioden ziehen lassen, aber nicht aus den Zahlen, die für die einzelnen Jahre gegeben sind, da ja niemals ersichtlich ist, wie große Vorräthe aus dem einen Jahr in das andere hinübergenommen werden. Bei dem Rückgang der Getreidepreise wird übrigens eine Verminderung des Consums nicht anzunehmen sein, denn bei niedrigem Preis pflegt derselbe sich meistens zu heben. Das Entscheidende liegt aber auch nicht darin, ob er wirklich zurückgegangen ist, sondern daß er zurückgegangen sein würde, wenn die Tendenz der Zölle, die Preise zu heben, sich verwirklicht hätte. Weil dies eben in sicherer Erwartung stand, hat die Voraussicht der Speculation die Nachfrage in einem Maße erlahmen lassen, daß in Bezug auf den Preis dieselbe Wirkung entstand, als wenn in Wirklichkeit der Verbrauch von Brodnahrung sich vermindert hätte.

Es wird zwar vielfach behauptet, daß ein Bedürfniß wie das der Leibesnahrung ein unumgängliches sei, und seine Unentbehrlichkeit eine starke Einschränkung nicht zulasse. Allein man wird zugeben müssen, daß in keinem Genuß eine so unbegrenzte Dehnbarkeit vorhanden ist, als in dem der Nahrungsmittel. Und wenn das richtig ist, wird man auch umgekehrt zugeben müssen, daß in keinem eine so große Verminderung möglich ist. Es wohnt dem Menschen einmal das Verlangen inne, die Qualität der Nahrung zu verbessern und zu veredlen, soweit die materiellen Mittel hiezu Gelegenheit bieten, und andrerseits pflegt auch die Quantität der Nahrung, sobald nur ein geringes Maß von Wohlstand vorhanden ist, sehr erheblich über die Anforderungen der nothdürftigen Lebenserhaltung hinauszugehen. Man wird daher in Zeiten größerer Dürftigkeit nach beiden Richtungen hin zu Ermäßigungen im Stande sein. Man kann die feineren Speisen von seinem Tisch verbannen, das edlere Gebäck durch gröberes ersetzen. Man kann das fette Fleisch mit magerem, das weiße Brod mit schwarzem, die Fleischbrühe mit einer Milchsuppe, die Butter mit Schmalz vertauschen. Man kann auch überhaupt die Fleischnahrung reduciren, den Genuß von Brod und Milch und animalischen Fettwaaren auf ein Minimum heruntersetzen und die Kartoffel mit vegetabilischen Fetten getränkt zum hauptsächlichsten Nahrungsmittel erheben. Nun ist in allen Culturländern ein Maß des Wohlstandes erworben worden, daß man fast in jeder Schicht der Bevölkerung nicht allein in der leiblichen Ernährung über das Maß des niedrigsten Lebensunterhalts hinausgegangen ist, sondern auch in Kleidung und Wohnung eine Menge von Bedürfnissen sich angewöhnt hat, die als unumgängliche Existenzmittel genau genommen nicht mehr zu betrachten sind. Die Letzteren zu ermäßigen, wird man bei hereinbrechender Nothlage zunächst zwar am meisten geneigt sein, aber gerade in den Bedürfnissen einer verfeinerten Lebensweise ist auch wieder die Macht der Gewohnheit eine so bedeutende, daß man je nach Lebenslage und Einkünften über bestimmte Grenzen hinaus zu Einschränkungen sich nicht verstehen wird. Man wird vielmehr viel lieber in der Art der Ernährung sich Ermäßigungen auferlegen, als daß man in anderen Dingen von Gewohnheiten abläßt, die man zum Theil schon nach den Anschauungen von Anstand und Sitte als unentbehrliche betrachtet. In dieser Beziehung ist schon in den wohlhabenderen Arbeiterkreisen die Macht der Gewohnheit eine so zwingende, daß man selbst in Dingen, die genau genommen als entbehrliche erscheinen müssen, um so weniger sich zu Einschränkungen verstehen mag, als ohnehin das Maß solcher Bedürfnisse ein eng begrenztes ist. Dies wird in den Kreisen von Landwirthen bei einseitiger Betrachtung der ihnen näher liegenden ländlichen Verhältnisse in der Regel nicht gebührend beachtet. Die Bevölkerung des platten Landes producirt den überwiegenden Theil ihrer Bedürfnisse an Kartoffeln, Gemüse, Milch und Fleisch im eignen Haushalt, und ein Theil derselben empfängt in Naturallöhnung selbst den Bedarf an Brodkorn. Hier können daher Verminderungen der baaren Einnahmen nicht in besonders starkem Maße zu einer Beschränkung solcher Nahrungsmittel führen, die durch landwirthschaftlichen Betrieb gewonnen werden, sondern der Spartrieb wird sich vorwiegend erstrecken müssen auf Gegenstände, die anderer Thätigkeit ihren Ursprung verdanken. Aber die Lebensweise der städtischen Bevölkerung ist eine hievon sehr verschiedene. Alle Bedürfnisse müssen aus Baareinnahmen bestritten werden, und nach der größeren Mannigfaltigkeit des städtischen Verkehrs haben Gewohnheiten aller Art sich eingebürgert, die von der ländlichen Lebensweise erheblich abweichen, aber doch dem Städter nicht weniger unentbehrlich sind, als dem Landbewohner die reichlichen Mengen von Brod und Fleisch und Milch. Darum wird in wirthschaftlichen Nothlagen der Verbrauch landwirthschaftlich erzeugter Nahrungsmittel stets erheblich zurückgehen, und bei der großen Zahl der städtischen Bevölkerung wird sich die Nachfrage um so viele Millionen Centner vermindern, daß die Einwirkung auf den Preis eine sehr beträchtliche sein muß.

Der deutsche Landwirth hat sich bei seiner Agitation um Kornzölle und Doppelwährung so sehr gewöhnt, die auswärtige Concurrenz als den alleinigen Sündenbock zu betrachten, daß er darüber ganz verabsäumt hat, die ihm näher liegenden Verhältnisse des Inlandes seiner Aufmerksamkeit zu würdigen. Es hat ja bis zu einem gewissen Grade seine volle Berechtigung, daß er auf seine Concurrenten das Auge gerichtet hält, denn je genauer er unterrichtet ist über die Bewegungen und Veränderungen, die sich in der landwirthschaftlichen Production des Erdballs vollziehen, um so zuverlässigere Fingerzeige wird er für die Maßnahmen in seinem eignen Betrieb gewinnen. In die verhängnißvollsten Irrthümer aber wird er verfallen, wenn er die Zahlen des Exports anderer Länder hauptsächlich zu dem Zwecke verfolgt, um Beweggründe für ein staatliches Eingreifen daraus herzuleiten. Er wird dadurch zu einem einseitigen Erfassen der Dinge hingetrieben werden; die Bewegungen der Production werden seine Aufmerksamkeit gefesselt halten, aber über die Bewegungen des Consums wird er mit Geringschätzung hinwegsehen. Und doch sind diese für sein Interesse von viel höherer Bedeutung. Gegen die Fortschritte der Production mag man sich ja versucht fühlen, mit kleinlichen Maßregeln anzukämpfen, aber es wird nur ein erfolgloser Kampf gegen Windmühlen sein. Durch noch so viele Zollschranken kann man alle die Ackerflächen, die der Fleiß des Menschen in fernen Ländern zur Fruchterzeugung bearbeitet, nicht von der Erde hinwegschaffen, durch Absatzerschwerungen aber wird man die gewonnenen Getreidemengen geneigter machen, sich immer billiger und billiger zum Tausche anzubieten. Nichts dagegen ist leichter, als durch unüberlegtes Eingreifen in den natürlichen Verlauf der Dinge den Consum in empfindlicher Weise einzuschränken und hiedurch Einflüsse hervorzurufen, durch welche die Producenten viel schwerer getroffen werden, als durch noch so großes Wachsthum der Concurrenz. Alle Maßnahmen, die man ergreift, um dem einen Theil eine Erleichterung zu verschaffen, können nur die Folge haben, dem anderen Theil Erschwerungen zu bereiten. Mit den Erschwerungen aber, die man in den natürlichen Kreislauf von Schaffen und Verbrauchen hineinlegt, wird man nur das Eine erreichen, daß man den betroffenen Theilen die Kraft des Verbrauchens entzieht. Man wird sie der Fähigkeit berauben, von allen den Erzeugnissen der Arbeit, die auf den Märkten zusammenströmen, in demjenigen Betrage sich anzueignen, in welchem sie bei ungetrübter Freiheit sich einkaufen würden.

Diese Einseitigkeit des Betrachtens, eine nothwendige Folge jeder kurzsichtigen, aus engherzigem Egoismus hervorgegangenen Weltanschauung, hat unsere unglückseligen Zollreformen zu Stande gebracht. Wenn die landwirthschaftlichen Producenten durch künstliche Steigerung des Preises einen Vorzug vor den auswärtigen Concurrenten suchen, so schaffen sie der industriellen Production Erschwerungen, durch die der Verbrauch von landwirthschaftlichen Producten vermindert wird. Wenn die Industrie durch dasselbe Mittel dasselbe erstrebt, so nimmt sie der Landwirthschaft einen Theil der Mittel, durch die sie ihr Bedürfniß nach Erzeugnissen des Gewerbfleißes zu befriedigen strebt. Wenn beide Theile einander solche Vorzüge gegenseitig zugestehen, so räumen sie damit einander ein, was ihnen selbst zum Schaden gereicht, und ein jeder führt dem Nachtheil, den er sich selbst bereitet, noch den

Nachtheil hinzu, der ihm aus der Benachtheiligung des Anderen erwächst. Der Staat aber, der solche widerspruchsvollen Forderungen durch gesetzgeberische Acte sanctionirt, übernimmt eine Aufgabe, die weit über die Machtvollkommenheit irdischer Kräfte hinausgeht. Er hätte ebenso gut Gesetze erlassen können, durch welche er der Sonne vorschreibt, mit welchem Grade der Intensität sie an jedem Tage das deutsche Reich bescheinen, oder dem Jupiter pluvius, zu welchen Zeiten er seine Schleusen verschließen, zu welchen er sie öffnen soll. So wenig er über Regen und Sonnenschein zu gebieten vermag, so wenig kann er den Einfluß aller der Elemente, die in ihren Bewegungen den wirthschaftlichen Körper in Lebensthätigkeit erhalten, nach seinem Gefallen bestimmen und regeln. Der verhängnißvolle Unterschied ist nur, daß seine Erlasse in dem einen Falle auch nicht die Spur einer Wirkung würden erkennen lassen, während sie in dem anderen nothwendig zu Verwirrungen und Störungen führen müssen. Mögen auch die Factoren der Preisbildung sich den Intentionen der Zollgesetzgebung entziehen, so können doch die Zollschranken, die der Staat errichtet, ihre schädigende Einwirkung nicht verfehlen.

Und welche Folge würde es haben, wenn der agrarische Plan einer nochmaligen starken Erhöhung der Kornzölle sich realisiren sollte? Es könnte keine andere sein, als daß die Getreidepreise in noch viel stärkerem Maße als bisher zum Sinken gebracht würden. Es möchte denn sein, daß es der Natur einmal gefallen sollte, sich in den Lauf des wirthschaftlichen Lebens hineinzumischen und der Welt ihren Segen zurückzuhalten. Sie könnte ja in ungewöhnlicher Weise durch Frost oder Dürre einen großen Theil der Saaten zerstören. Nach geringerer Ergiebigkeit der Ernte würden die Zufuhren dann nicht in gewohnter Weise auf den Märkten erscheinen. Es würde das kein Segen sein für alle Landwirthe, deren Felder von der Ungunst der Witterung betroffen wären, aber wenn die Natur uns ihre Gunst erweisen wollte, so könnte sie ja über unsere Aecker freigiebig ihr Füllhorn ausschütten, während sie sich anderen Ländern von ihrer kärglichen Seite zeigte. Die Preise würden dann bei geschwächtem Angebot beträchtlich in die Höhe gehen, und die Kornzölle würden unter so veränderten Umständen unseren Landwirthen momentan den vollen Nutzen bringen, den man mit ihrer Einführung zu erreichen strebte. Sie würden die Steigerung der Preise in der That in dem Betrage fördern, der bei dem Eindringen fremden Getreides an den Zollstätten erhoben wird. Aber selbst in so außerordentlichem Falle würden sie der Landwirthschaft in ihren Folgen nur zum Schaden gereichen können. Sie würden die große Zahl der Consumenten mit schwerer Härte treffen und darum dem überwiegenden Theil der städtischen Bewohnerschaft mehr entziehen, als die steigenden Einnahmen des Landwirths ihnen wieder zuzuführen vermöchten. Sie würden also hier die wirthschaftlichen Nothstände mehr zu fördern streben, als die günstigere Lage der landwirthschaftlichen Unternehmer sie zu lindern im Stande wäre, und sobald in einem folgenden Jahre der Ernteertrag wieder zu normaler Höhe gelangte, würde dem gesteigerten Angebot nur eine noch mehr verminderte Nachfrage gegenüberstehen. In ihrer Nachwirkung also würden die erhöhten Kornzölle doch nur ein neues Mittel werden, das Sinken der Getreidepreise zu befördern.

Will man aber auf einen so ungewöhnlichen Zwischenfall seine Hoffnungen nicht setzen, so ist ein Anderes nicht denkbar, als daß die bisher zu Tage getretene nachtheilige Wirkung der Schutzzollpolitik sogleich in erhöhter Potenz sich fühlbar machen müßte. Die Getreideproduction würde durch die erhöhten Kornzölle nicht betroffen werden. Die Aecker, die zum Kornbau Verwendung finden, sind in ihrer Zahl und ihrem Umfange vorhanden, und an Menschenhänden und Geräthen zu ihrer Bearbeitung ist kein Mangel. Auch die düngenden Substanzen sind da, die dem Boden seine Fruchtbarkeit erhalten, und der Ueberfluß der Banken, der den landwirthschaftlichen Betrieb mit Hülfsmitteln zu versorgen vermöchte. Mit dem Schwirren der Lerche würde der Landmann in jedem Frühjahr zu Felde ziehen, seine Saaten bestellen und alles Wissen und alle Kunst in Anwendung bringen, die die hoch entwickelte Zeit ihm zur Verfügung stellt. Was er dem Boden entringt, würden die Eisenbahnen und Dampfschiffe nach wie vor in die Canäle des Handels führen. Alle Factoren der Production also würden ungeschwächt in Kraft verbleiben, und keine der Bedingungen würde hinweggeräumt sein, unter denen die Welt seit langen Jahren mit einem reichlichen Angebot versorgt worden ist.

Nach der anderen Seite hin aber würde die Erhöhung der Kornzölle die Verhältnisse wesentlich ungünstiger gestalten. Da sie das Einkommen nicht zu heben vermöchte, das unter der mehrjährigen Nothlage im Rückgange befindlich ist, so würden der Bevölkerung nur in erhöhtem Maße die Mittel fehlen, ihrem Nahrungsbedürfniß gerecht zu werden. Der Tendenz der Zölle, die Preise zu steigern, würde die Speculation in dem instinctiven Vorgefühl einer Verschärfung der Nothlage eine gesteigerte Vorsicht entgegensetzen. Sie würde fürchten müssen, daß bei vertheuertem Preis die Nachfrage sich vermindern müßte, und würde daher dem Angebot der Landwirthschaft gegenüber selbst mit ihrer Nachfrage zurückhalten. Das Vertrauen in Handel und Wandel würde von Neuem erschüttert sein, und da die Production zum Verkauf ihrer Waare genöthigt ist, würde sie mit um so größerer Willigkeit zu verminderten Preisen losschlagen, als sie durch die zunehmende Verflauung der Handelsthätigkeit sich selbst beängstigt fühlen müßte. Es würden also alle die Ursachen herbeigeführt sein, die schon seit dem Bestehen der jetzigen Kornzölle zum Sinken der Preise mitgewirkt haben, aber sie würden nun in sehr verschärftem Maße sich wirksam zeigen. Man würde das Gewicht, das den Arm des Hebels niederdrückt, um ein Weiteres vom Drehpunkt entfernt und es damit zu größerer Kraftentwickelung gebracht haben. Die Erhöhung der Kornzölle würde ihren Zweck nicht allein vollkommen verfehlen, sondern sie würde vielmehr in außerordentlich starkem Grade das Sinken der Preise befördern. Die Landwirthschaft aber würde ein ganz anderes Maß von Leiden zu beklagen haben, als bisher.

Hierüber sollten sich die deutschen Landwirthe keinen Täuschungen hingeben. Selbst wenn eine sehr erhebliche Zollerhöhung zur Folge haben sollte, daß im Inlande die Preise sich höher stellten, als im freihändlerischen Ausland — was ja bei der Mannigfaltigkeit der im Handelsverkehr zur Geltung gelangenden Einflüsse nicht als ausgeschlossen zu betrachten ist — würde der Erfolg in Wirklichkeit doch nur ein schädlicher sein können. Nicht darauf kann es ankommen, wie sich in Folge der Zollerhöhung der Getreidepreis im Verhältniß zu anderen Ländern gestaltet, sondern ob aus Anlaß derselben absolut eine Preiserniedrigung hervorgerufen wird, und dies muß mit innerer Nothwendigkeit so lange geschehen, als nicht die Getreidemengen, die auf dem Weltmarkt zusammenströmen, sich vermindern. Das Entscheidende liegt darin, daß die Zollerhöhung die Concurrenz des Auslandes nicht abschwächen würde, sondern daß diese vielmehr wegen der nothgedrungenen Verflauung der Handelsthätigkeit in verstärktem Maße sich fühlbar machen müßte. Jede Abschwächung der Nachfrage wirkt genau, wie eine Vermehrung des Angebots, ihr schädlicher Einfluß auf den Preis aber müßte um so stärker zum Ausdruck kommen, als sie schon vorher zu dem Angebot in ein Mißverhältniß gesetzt war.

Nun aber gar der Wollzoll! Wann hätte jemals kurzsichtiger Eigennutz einen Gedanken ausgebrütet, der in gleicher Weise zur Schädigung des eigenen Interesses führen müßte? Es hat noch immer als ein national-ökonomischer Vortheil gegolten, daß in dem Export der Länder die Fabrikate der Industrie eine hervorragende Stelle einnehmen. Was der Gewerbefleiß in den Handel bringt, enthält eine große Summe von Arbeit, und in den Mengen solcher Ausfuhr ist immer ein sicherer Beweis gegeben, daß in der wirthschaftlichen Thätigkeit eine namhafte Zahl von Menschenhänden Beschäftigung findet.

In allen vorgeschritteneren Ländern hat man auch stets dem Export von industriellen Erzeugnissen seine besondere Aufmerksamkeit zugewandt, ja man hat sogar vielfach über das Ziel hinausgeschossen, indem man sich in der großen Werthschätzung desselben hat verleiten lassen, durch Verleihung von Prämien zur Ausfuhr anzureizen. Die deutsche Wollmanufactur hat einen außerordentlich glücklichen Aufschwung genommen. Sie beschäftigt eine namhafte Zahl von Menschen und hat es auf eine Ausfuhr gebracht von dem Werth von mehreren Hundert Millionen Mark. Sie vermag den Rohstoff, den sie verarbeitet, nur zu einem ganz geringen Theil von dem Ertrage deutscher Schafheerden zu beziehen, deren Zahl sich auf wenig mehr als 19 Millionen Stück beläuft, und bedarf einer Einfuhr von etwa 2 Millionen Centnern Schafwolle. Diese Industrie würde mit einem Schlage vernichtet sein, wenn man die Wolle mit einem hohen Schutzzoll belastete. Denn wenn man ihr das Material vertheuerte, würden ihre Manufacte mit denen des Auslandes nicht concurriren können, und sie würde sich bald von allen auswärtigen Märkten verdrängt sehen. Das würde für unseren gesammten Wohlstand von enormem Schaden sein, und der Staat selbst würde in seinen Interessen so empfindlich getroffen werden, daß er schon darum auf eine solche Zumuthung nicht einzugehen vermöchte.

Aber unseren Agrariern fehlt es nicht an Findigkeit. Stellt sich ihnen in den Interessen des Exports ein Hinderniß entgegen, so suchen sie dasselbe zu beseitigen, indem sie für das ausgehende Manufact eine Steuerrückvergütung verlangen, durch die dem Fabrikanten bei der Ausfuhr seiner Waare für den für seinen Rohstoff gezahlten Zoll ein Ersatz gewährt würde. Dem würden zwar unüberwindliche zolltechnische Schwierigkeiten entgegenstehen, denn bei der großen Mannigfaltigkeit der Zeugwaaren und namentlich bei der häufigen Zusammensetzung derselben aus verschiedenem Gespinnstmaterial würde eine genaue Ermittelung der in denselben zur Verwendung gekommenen rohen Wolle eine reine Unmöglichkeit sein. Die für die verschiedenen Waarengattungen gewährte Rückvergütung würde entweder zu niedrig sein und in diesem Falle ihren Zweck verfehlen, oder sie würde zu hoch sein und dann zu einer Prämie ausarten, als solche aber der Industrie alle Schattenseiten des Prämienwesens herbeiführen, zugleich der Staatscasse große Verluste verursachen. Um solche Nachtheile würde sich zwar ein engherziger Eigennutz keine großen Scrupeln machen, aber es würde doch zur Frage kommen, welche Vortheile denn die Landwirthschaft aus allen diesen großen Erschwerungen des Verkehrs zu gewinnen vermöchte? Sie würde für ihre Wolle einen Preis erlangen, der den Weltmarktspreis um den Betrag des Zolles überragen würde, weil durch die Vertheuerung des Rohstoffs im Falle einer Steuerrückvergütung die Nachfrage nicht vermindert werden könnte, und die deutsche Bevölkerung würde dieses Mehr im Ankauf ihrer Wollenstoffe zu zahlen haben. Aber hier würde sich in der Unzuläng= lichkeit des Volkseinkommens der gleiche Uebelstand ergeben, wie bei den Kornzöllen. Daß dieses Volkseinkommen kein unerschöpflicher Säckel ist, der sich immer wieder von Neuem füllt, sollte auch der enragirteste Agrarier wissen, und darum sollte es ihm auch klar sein, daß das Publikum gar nicht umhin könnte, der Landwirthschaft in anderer Weise wieder abzunehmen, was diese ihm mit Hülfe des Staates zu entziehen strebte. Unter dem Druck der wirthschaftlichen Nothlage würden alle die Volkstheile, die dem Kleidungsbedürfniß einen erhöhten Theil ihres Einkommens zuwenden müßten, nach anderer Seite hin ihr Bedürfniß zu ermäßigen gezwungen sein, und dazu würde sich ihnen kaum ein anderer Ausweg darbieten, als daß sie sich in demjenigen Bedürfniß, das seinem Werthe nach den überwiegenden Theil des Einkommens ausmacht und der ganzen Lebenshaltung nach am leichtesten eine Abminderung verträgt, in dem Nahrungsbedürfniß, eine Einschränkung auferlegen. Eine Verringerung des Verbrauchs an Nahrungsmitteln würde die erste Folge sein, eine weitere Ver= minderung der Nachfrage nach den Producten der Landwirthschaft die zweite. Das Gewicht am Arm des Hebels würde wiederum ein wenig weiter gerückt sein. Der Landwirth möchte wohl am Wollmarktstage einmal recht fröhlichen Sinnes sein, aber an allen anderen Tagen des Jahres würde ihm das weitere Sinken der Preise von Korn und Fleisch die Sorge vermehren, und dem Kampfe um's Dasein würde er mit nochmals geschwächter Kraft und mit wachsendem Unmuth gegenüberstehen.

„Ein hoher Zoll für die Wolle, bedeutende Erhöhung der Korn= zölle" — wie sich das so leicht ausspricht, wenn man es sich, man möchte sagen, geflissentlich zur Aufgabe macht, die Dinge des wirth= schaftlichen Lebens nicht anders, als mit der gedankenlosesten Ober= flächlichkeit zu betrachten. Man fühlt sich unwillkürlich erinnert an jene unverständige junge Frau, der die Eier wegen zu langen Kochens zu hart gesotten sind, und die sie nun, um dem Uebelstand abzuhelfen, mit jedem Tage früher und früher zu Feuer bringt. Sind die Preise durch die Schutzzölle in's Sinken gebracht, so gebt nur immer mehr und immer höhere Zölle! Es ist begreiflich und natürlich, daß dem Landwirth seine Noth zu Herzen geht, und er die Erlösung aus dieser unseligen Conjunctur herbeisehnt. Aber wenn man ihm Heilmittel in Vorschlag bringt, so soll er doch als ein vorsichtiger Hausvater prüfen, ob dieselben auch wirklich dem Zustand angepaßt sind, aus dem sein Leid entspringt. Er wird nicht jedes Pflaster, das man ihm darbietet, auf eine schlimme Wunde legen; er weiß, wie üble Folgen oft ein falsches Mittel hervorruft, und wird erst forschen, welche besonderen Substanzen das Pflaster enthält, und welche Wirkungen von demselben ausgehen. Hätte er in solcher Weise geforscht und geprüft, so würde er gesehen haben, daß die Zölle ihm nur nützen könnten, wenn sie Andere schädigen, und daß jede Schädigung Anderer auf ihn selbst zurückfallen muß, weil der Verbrauch aller Dinge von dem Wohlstand derer abhängt, denen sie zu dienen berufen sind, und weil mit jeder Minderung des Verbrauchs auch der Werth der Dinge sich abmindert. Bei solcher Prüfung würde er erkannt haben, daß das, was ihm scheinbar als Heilmittel entgegenkam, sich ihm in Wirklichkeit nur als ein Gift erweisen konnte.

Die agrarische Partei steht mit ihren Schutzzöllen noch nicht am Ende ihrer heilkünstlerischen Weisheit. In der Doppelwährung hat sie noch ein anderes Mittel in Bereitschaft, das sie seit einigen Jahren mit bewundernswürdiger Unermüdlichkeit ausbietet. Sie kann von Glück sagen, daß sie in diesem Punkt in den gesetzgeberischen Organen die Bereitwilligkeit noch nicht gefunden hat, mit der man auf ihre schutzzöllnerischen Bestrebungen eingegangen ist. Sie würde sonst heute zu beklagen haben, daß sie tausende und abertausende fleißiger Existenzen durch ihren unüberlegten Eifer zu Grunde gerichtet hätte.

Die agrarischen Bimetallisten betrachten unsere Goldwährung als eine der Hauptursachen des Preisrückgangs. Sie behaupten, daß mit der Demonetisirung des Silbers eine Knappheit an Zahlungsmitteln eingetreten sei, daß damit der Werth des Goldes sich gesteigert und in weiterer Folge der Werth der Waaren sich vermindert habe. In Wirklichkeit sind freilich keine Merkmale für solche Knappheit vorhanden, denn in keinem Lande, in welchem man sich des Goldes zur Ausprägung bedient, ist auch nur der Schatten eines Mangels nachweisbar gewesen. In Vorstehendem haben wir auch gesehen, daß der niedere Preisstand aus ganz anderen Ursachen hervorgegangen ist. Dagegen ist das Silber in seinem Werth beträchtlich gefallen, weil es seit längerer Zeit in besonders reichem Maße gewonnen wurde, mit der zunehmenden Neigung der Culturländer für bequemeres Goldgeld aber zur Ausmünzung weit weniger Verwendung fand. Würde es nun gelingen, dem Silber wieder seine alte Stelle einzuräumen, so würde zwar der Werth desselben ein wenig steigen, aber der gesammte Geldwerth würde in demselben Maße heruntergehen, als dieses weniger werthvolle Metall als Geld Verwendung fände. Dieses in Aussicht stehende Sinken des Geldwerths ist es nun, wovon die Bimetallisten, und namentlich die Agrarier unter ihnen, eine Aufbesserung der Conjunctur erwarten. Denn ohne Zweifel muß der Werth der Waaren — soweit er in einer Geldsumme zum Ausdruck kommt, — steigen, sobald der Werth des Geldes fällt, weil zur Darstellung des bestimmten Werths einer Waare eine größere Menge von minderwerthigem, als von besserem Gelde erforderlich ist. Beträgt beispielsweise der Werth eines Scheffels Roggen nach heutigem Geldwerth 5 ℳ, so würde er bei einem Sinken des Geldwerths um 20 Procent erst in der Summe von 6 ℳ den gleichen Gegenwerth finden. Die Agrarier rechnen nun weiter, daß alle die Ausgaben, die in bestimmten Summen festgestellt sind, wie z. B. die Steuern, Löhne, Zinsen, Pachtbeträge u. dgl., auch nach dem Sinken des Geldwerths in gleichen Beträgen zu leisten sein, dagegen ihre baaren Einnahmen sich durch den höheren Preis für ihre Producte vermehren würden. Stände aber der gleichen Ausgabe eine höhere Einnahme gegenüber, so würde selbstredend ein höherer Reingewinn herauskommen, und zwar in denselben Procentsätzen, in welchen der Geldwerth gefallen wäre.

Dieser Rechnung aber, so einfach und logisch sie im ersten Augenblick erscheint, haften die verhängnißvollsten Trugschlüsse an, weil man dabei ebenfalls nur das zunächst Sichtbare in's Auge gefaßt, alle weiteren Wirkungen aber völlig außer Acht gelassen hat. Es bedarf auch kaum eines besonderen Scharfblicks, um zu erkennen, daß die erstrebte Verminderung des Geldwerths der Landwirthschaft nicht minder verhängnißvoll werden würde, wie es die Kornzölle geworden sind. So lange alle Einnahmen, die nicht aus dem Verkauf erzeugter Waaren entspringen, dieselben blieben als bisher, würde der überwiegende Theil der Bevölkerung von dem entwertheten Geld auch keine größeren Summen zur Verfügung haben. Das große Heer von Beamten aller Art, die vielen Millionen von Arbeitern und die ganze Menge von Rentnern würden so lange auch nicht ein Tittelchen gewinnen, und wenn alle Waaren, deren sie bedürfen, sich ihnen zu theureren Preisen anbieten würden, könnte sich kein anderer Ausweg für sie finden lassen, als daß sie von allen Waaren geringere Mengen einkauften. Es würde also ganz dieselbe Wirkung zum Vorschein gelangen, die nach Einführung der Schutzzölle die Preise zu weiterem Sinken brachte, und die bei nochmaliger Erhöhung der Kornzölle und bei Einführung eines Zolls auf rohe Wolle sich zeigen würde. Die Nachfrage würde nochmals zu einem starken Rückgang gebracht und der vorhandene Hang zum Sinken der Preise auf's Neue sehr belebt werden.

Diesem Uebelstand aber, so hart er schon treffen müßte, würde noch ein hinkender Bote nachkommen. Der Staat würde nicht lange im Stande sein, mit denselben Einkünften seine Verpflichtungen zu erfüllen, die Beamten würden eine Vermehrung ihres Gehalts, die Arbeiter eine Erhöhung ihres Lohnes verlangen müssen, und keine Macht würde im Stande sein, diesem Andrängen Widerstand entgegenzusetzen. Höhere Steuern und höhere Löhne würden die unumgängliche Folge sein, und der Landwirth so wenig, wie der Industrielle könnten sich sträuben, das Ausgabe-Conto um einen namhaften Betrag zu erhöhen. Der ganze Erfolg der Doppelwährung also würde zunächst eine sehr beträchtliche Verminderung der Einnahmen sein, und sobald hiedurch die Nothlage auf das Aeußerste verschärft sein würde, eine nicht unerhebliche Vermehrung der Ausgaben. Die Erhöhung der Löhne würde mit der Zeit wieder zu einem Ausgleich führen, aber man würde doch vor der Hand zwei große Schädigungen erlangt haben statt des einen Vortheils, den man sich anzueignen gedachte.

Erhöhung der Kornzölle, Wollzoll und Doppelwährung, — das wäre, was der Landwirthschaft gerade noch fehlte! Es würde einen Krach geben, der nach allen Seiten hin erschüttern müßte, einen Umsturz, der die überwiegende Mehrzahl der Landwirthe aus ihrem Betrieb hinaustreiben, ja selbst eine namhafte Zahl alteingesessener Familien dem angestammten Besitz entreißen würde. Der deutsche Boden würde nach solchem Zusammenbruch nicht veröden, sondern der Pflug würde seine Furchen ziehen, wie bisher, und die Strahlen der Sonne würden in alter Weise die Früchte des Feldes zur Reife bringen. Es würden aber neue Geschlechter sein, die in den Grund und Boden sich theilten, denen die kurzsichtige Begehrlichkeit der jetzigen Inhaber Gelegenheit gegeben haben würde, ein werthvolles, durch den Fleiß von Jahrhunderten gedüngtes Land zu billigem Preis zu erwerben.

―――

III.

In den finstersten Zeiten des Mittelalters legten die Menschen ihr Geld in den Kasten des Ablaßkrämers und glaubten damit von der Macht der Kirche das Heil ihrer sündigen Seele zu erkaufen. Solche Wahnvorstellungen des Aberglaubens haben der Gewalt der

Aufklärung weichen müssen, und man denkt heute nicht mehr daran, daß eine irdische Macht im Stande sein könne, über das Wohl oder Wehe unseres unsterblichen Theils zu verfügen. Aber wenn es sich handelt um die Dinge des leiblichen Wohls, ist noch immer ein großer Theil der Menschheit in dem Wahn befangen, daß den aus Menschen bestehenden und mit menschlichem Irrthum behafteten Organen des Staats eine Allmacht innewohne, die sie befähigt, in dem Handel und Wandel der Welt eine Art von Vorsehung zu üben und allen einzelnen Theilen der erwerbenden Thätigkeit ein bestimmtes Maß des Erwerbs zu sichern. Wenn man sieht, mit wie großer Vertrauensseligkeit man heute an den Staat herantritt und für alle die Inhaber der mannigfaltigen Geschäftsbetriebe, die in der Herstellung von Gütern ihren Unterhalt suchen, die Schaffung besonderer Vorzüge ihm abverlangt, vermag man kaum die Frage zurückzudrängen, ob eigentlich in jenem geistesumnachteten Jahrhundert oder in unserem aufgeklärten Zeitalter der Dampfmaschinen das Maß der Verirrung das größere gewesen. Diese Ueberschätzung der gesetzgeberischen Gewalt, die unsere Zollreformen zu Stande gebracht hat, ist in der That eine ganz außerordentliche. Man wird sich vergebens bemühen, für eine Coalition, wie sie in den Jahren 1879 und 1885 zur Verständigung über den Zolltarif stattgehabt hat, ein Verständniß zu gewinnen, wenn man nicht der Annahme Raum geben will, daß im Hintergrund der Seele die dunkle Vorstellung vorhanden gewesen sein müsse, der Staat könne in Wirklichkeit aus dem Nichts ein Etwas machen. Alle Gewalten, die vom Staate ausgehen, haben in den irdischen Kräften des Volks ihren Ursprung. Er verfügt über nichts, was nicht aus dem Besitzthum des Letzteren ihm zufließt, und das Füllhorn seiner Gaben reicht nicht weiter, als nach den Erträgen der Arbeit ihm abgegeben werden kann. Er vermag dem einen Theil nicht zu geben, was er nicht dem anderen entziehen müßte, und er kann Niemandem entziehen, ohne daß allen Theilen ein Nachtheil daraus erwächst. Dennoch aber verständigten sie sich alle mit einander über das Maß der Gabe, das einem Jeden vom Staate gegeben werden solle, und beachteten nicht, daß durch alle diese Zuwendungen das Volkseinkommen geschmälert werden müsse, dieser veränderliche, aus der Fruchtbarkeit der Arbeit hervorgehende Schatz, der allen Theilen der Thätigkeit die ihnen nöthige Luft und Nahrung giebt, der aber seine Segenspendungen ermäßigen muß, wenn man der Arbeit ihre Fruchtbarkeit entzieht, indem man ihr eigentliches Lebenselement, den Verbrauch ihrer Erzeugnisse, durch ein gesetzgeberisches Eingreifen beschränkt. Sie beachteten nicht einmal, daß mit jedem

Vorzuge, den sie zu Gunsten ihrer eigenen Begehrlichkeit einander einräumten, einem Jeden von ihnen ein Theilchen Luft und Nahrung verloren ging. Die Strafe ist dem gedankenlosen Vorgehen auf der Ferse gefolgt. So schwer auch die wirthschaftliche Krisis nach allen Seiten hin sich fühlbar macht, am härtesten sind doch diejenigen betroffen worden, die die Gesetzgebung für ihre vermeintlichen Interessen in Bewegung setzten. In allen Erwerbszweigen, die sich den Zollschutz erworben haben, würden die Unternehmer nach den Intentionen unserer Wirthschaftspolitik die bevorzugten Gewinner gewesen sein; so aber, wie nach dem unerbittlichen Laufe der Weltordnung die Dinge sich gestalteten, sind sie vor Allen die Verlierer geworden. Ob ihre Verluste schon ihre Endschaft erreicht haben, liegt noch im Schooße der Zukunft verborgen. So wenig wie die Schutzzölle unter allen Umständen zum Sinken der Preise führen, so wenig ist auch unter der Herrschaft derselben eine Aufbesserung der Verhältnisse ausgeschlossen. Wenn es gelingt, in denjenigen Zweigen der Production, die dem Bedürfniß allzu sehr vorangeeilt sind, die Quantität der Erzeugnisse zur Nachfrage in ein günstigeres Verhältniß zu setzen, wird ja die Arbeit wieder zu größerer Rentabilität gelangen, und mit wachsender Consumfähigkeit werden auch die Preise sich wieder heben. Aber auch in so günstigem Falle wird die Schutzzollpolitik ihren verderblichen Charakter nicht verlieren, mag er dann dem Auge auch weniger sichtbar werden. Sie wird immer ein Hinderniß bleiben, daß der Aufschwung sich so rasch und so vollständig vollzieht, wie es bei völliger Freiheit der Handelsthätigkeit geschehen würde: denn wenn die Schutzzölle einmal in kritischen Zeitläuften das Sinken der Preise befördern, weil sie die geschwächte Kaufkraft noch in weiterem Maße zurückbringen, so müssen sie nothwendig in aufstrebender Conjunctur das Steigen derselben zurückhalten, da sie ja unter allen Umständen dem Wachsen der Kaufkraft eine Schranke setzen. Sollte aber die Aufbesserung der Verhältnisse noch in weitere Ferne gerückt sein, so werden die Nothstände an Ausdehnung gewinnen, und damit werden auch in so manchen Producentenkreisen die bisher erlittenen Verluste sich mehren müssen.

Wenn man sich heute in seiner Erinnerung in die Tage der Schutzzollagitation des Jahres 1879 zurückversetzt, wird man noch immer vergebens versuchen, sich begreiflich zu machen, wie sich in immer weiteren Kreisen, in denen niemals andere Vorstellungen geherrscht hatten, als daß der Freihandel die einzig zuverlässige Basis einer rationellen Handelspolitik sei, ein solcher Umschwung der Ansichten vollziehen konnte. Man kann nicht sagen, daß der Umschwung ein plötzlicher und schleuniger gewesen sei. Im Gegentheil, der erste Eindruck bei der Ankündigung der Zollreform-Vorlage war überwiegend ein peinlicher und abstoßender, und die Zahl der Anhänger mehrte sich erst allmählich, je mehr es gelang, durch einzelne, mit großem Geschick hingeworfene Schlagworte die Geister zu fesseln. Durch solche Schlagworte ist in der That ein erstaunlicher Effect erzielt worden, und kaum ist eines mit größerem Nachdruck von Munde zu Munde verbreitet, als jenes berühmt gewordene Axiom, daß uns „das Ausland den Zoll bezahle". Von allen denen, die die Schutzzölle erstrebten aus Eigennutz, ist dieses Wort wiederholt worden, ohne daß sie daran glaubten, aber es hat an Leuten, und zwar an sonst ganz vernünftigen Leuten nicht gefehlt, die sich von dem Irrthum haben hinreißen lassen, daß unsere Zollreform der Ausfluß einer ganz neuen, eigenartigen Staatskunst sei, die es vermöge, uns das Ausland tributpflichtig zu machen und die Casse des Staats mit außerordentlich hohen Einkünften zu versorgen, die nicht den Taschen der einheimischen Steuerzahler, sondern den Taschen ausländischer Producenten entnommen würden.

Hat uns in Wirklichkeit das Ausland die Zölle bezahlt? Wenn man sich auf die Thatsache stützen will, daß unsere Schutzzölle das Ausland gezwungen haben, uns seine Waaren zu billigeren Preisen zu verkaufen, so möchte es sich mit einem Schein von Recht behaupten lassen. Aber diese Verbilligung der Preise ist ja das reine Gegentheil von der Wirkung, die man erzielen wollte. Man wollte unseren Producenten einen höheren Erwerb verschaffen, aber weil die Dinge einen ganz anderen Verlauf genommen, als man erwartete, hat man ihnen die ungeheuersten Verluste gebracht. Das eben ist das tragische, wahrhaft erschütternde Moment: die Zollreform, die die Einnahmen des Staats um etwa hundert Millionen Mark erhöhte, hat das Einkommen des Volks alljährlich um Milliarden geschädigt. Es ist ein Erfolg, der selbst in gesetzgeberischen Kreisen kaum mit Befriedigung erfüllen kann. Ein Staat, der so wenig haushälterisch mit der Steuerkraft seiner Bürger verfährt, wird nothwendig einmal die Wahrnehmung machen müssen, daß er sich selbst die Quelle seiner Existenzmittel verstopft hat.

Das Fiasko unserer Schutzzollpolitik ist nach allen Seiten hin ein vollständiges, überraschendes. Ueberraschend nicht allein für ihre Freunde, sondern auch für ihre Gegner; denn so sehr man auf freihändlerischer Seite auch überzeugt war, daß sie den Aufschwung zurückhalten und darum auch denen zum Nachtheil gereichen würde, die die Förderung ihrer Interessen durch sie erstrebten, so wird doch Niemand geahnt haben, daß ihre Verderblichkeit sich schon nach so kurzer Zeit und mit solcher Gewalt offenbaren würde. Aber eben um dieser Vollständigkeit willen werden wir dem Mißerfolg — so sehr wir ihn um der Wunden willen, die er dem deutschen Wohlstand geschlagen, beklagen müssen — vermuthlich doch ein Gutes zu verdanken haben: er wird für lange Zeit den Völkern zur Warnung dienen und der Idee des Freihandels zu weiterem Sieg verhelfen.

Mag es der Wissenschaft auch seit mehr denn hundert Jahren gelungen sein, die Schattenseiten des Schutzzollsystems klar zu legen, so waren doch ihre Beweisführungen denjenigen nicht zugänglich, welche sich mit der wissenschaftlichen Begründung der wirthschaftlichen Vorgänge entweder überhaupt nicht beschäftigen, oder doch die Gesetzmäßigkeit in den Erscheinungen des Verkehrs nicht anerkennen wollen. Jetzt tritt die Verderblichkeit des Systems in dem äußeren Erfolg hervor, und so wird das freihändlerische Prinzip auch bei denen Eingang finden, die allein in dem Erfolg den Beweis für die Richtigkeit einer Idee erkennen.

Man wird in der Geschichte keinen zweiten Fall finden, in welchem die Schädigung der Producenten durch Schutzzölle in solcher Klarheit hervorgetreten ist. Der Grund liegt auf der flachen Hand. In früheren Zeiten führte man Schutzzölle ein, um den Unternehmungsgeist zu beleben und dadurch die zurückgebliebene Production zu höherer Entwickelung zu bringen; heute that man es, weil die allzu stark fortgeschrittene Production keinen ausreichenden Gewinn erzielte. Und hierin liegt in Bezug auf den Erfolg, der zum Vorschein kommen mußte, ein himmelweiter Unterschied. So lange die Gütererzeugung in einem unentwickelten Zustand beharrt, sind die Preise der Güter verhältnißmäßig hoch, weil es an einem reichlichen Angebot fehlt. Wenn unter solchen Umständen zum Zweck der Ermunterung und Anregung Schutzzölle eingeführt werden, finden die Producenten Gelegenheit, den Preis ihrer Waaren um den Ertrag der Zölle zu steigern; denn in dem Mangel des Angebots ist schon von Natur eine Ursache zum Steigen der Preise gegeben. Befindet sich dagegen die Production unter Verhältnissen, in denen Erfindungen aller Art, technische Vervollkommnung, Kraftvermehrung und Verbilligung des Transports mit unwiderstehlichem Drange zu stetiger Gütervermehrung hinführen, so wird das Verhältniß des Angebots zur Nachfrage das umgekehrte: dem vorhandenen Wachsthum des Angebots gegenüber wird durch die Schutzzölle noch die Nachfrage zurückgehalten, und es wird der einen

Ursache, die zum Sinken der Preise hinführt, eine zweite künstlich beigesellt.

Gleichwohl beweist der heutige Mißerfolg, daß die Schutzzölle, in solchem Umfange eingeführt, unter allen Umständen verderblich sein müssen. Die lähmende Einwirkung auf die Nachfrage werden sie stets ausüben müssen; sie werden daher, wie sie bei reichlichem Angebot das Sinken der Preise befördern, bei mangelndem der steigernden Tendenz entgegenwirken. Darum aber können sie der Production nur zum Schaden gereichen, denn nach kurzem Aufschwung wird immer ein Zustand eintreten, in welchem das Angebot der Nachfrage voraneilt, und dann wird das Sinken der Preise die Rentabilität der Arbeit vermindern. Ein unübertrefflich lehrreiches Beispiel bietet in dieser Beziehung die Rübenzuckerindustrie, die bei den großen Vortheilen, die sie für die Landwirthschaft herbeiführt, auch ohne Schutz sich auf= geschwungen haben würde, durch die hohe Begünstigung, die ihr seit 10 Jahren zu theil geworden, aber zu einer Ausdehnung gebracht ist, daß sie heute um Leben und Tod kämpft.

Daß auch für solche Länder, in denen man die zurückgebliebene Industrie durch Schutzzölle zu heben sucht, das Schutzzollsystem ein kurzsichtiges ist, läßt sich heute an dem Beispiel der Vereinigten Staaten und Rußlands erkennen. Beide Staaten haben durch ihre Zölle den Industrien anderer Länder sehr geschadet und darum diese Nothlage mit hervorgerufen, in deren Folge das verhängnißvolle Sinken der Getreidepreise eintreten mußte. Die Landwirthschaft beider Länder erleidet darum jährliche Verluste von Milliarden, und diese Verluste sind die Ursache, daß auch ihre künstlich geschaffenen Industrien ihrer Bevölkerung keinen Gewinn zu bringen vermögen. Diese Länder haben also den erstrebten Nutzen nicht erreicht, bei der großen Ueber= legenheit der landwirthschaftlichen Beschäftigung aber den Wohlstand arg geschädigt. Hätten sie der Entwickelung freien Lauf gelassen, würden sie heute vermuthlich eine blühende Landwirthschaft haben, und durch die Capitalien, die diese erworben, würden ohne staatliche Anregung Industrien ins Leben gerufen sein, die in dem zunehmenden Wohlstand einen fruchtbaren, ihrer Natur entsprechenden Boden fänden.

Dies Alles mochte sich dem Blick entziehen, so lange die Welt eine Conjunctur, wie die heutige, noch nicht erlebt hatte. Heute aber liegt eine Erfahrung vor, die sich nicht hinwegleugnen läßt, und allen Täuschungen, denen man sich bis dahin hingeben mochte, wird der Boden entzogen durch die Thatsache, daß durch die Einwirkung der Schutzzollpolitik dem überwiegenden Theil der productiven Thätigkeit die Bedingungen der Rentabilität verloren gegangen sind.

Es macht einen eigenthümlichen Eindruck, wenn man gewahrt, wie man an maßgebender Stelle trotz des vor Augen liegenden Mißerfolgs immer noch bemüht ist, die Schutzzollpolitik als nützlich und vortheilhaft hinzustellen. Kann man nicht behaupten, daß sie ihren Zweck, die Preise günstiger zu gestalten, erfüllt habe, weil eben das Gegentheil eingetreten ist, so betrachtet man nun das fortschreitende Sinken der Preise gewissermaßen als eine nebensächliche Erscheinung, oder wenigstens doch als eine Erscheinung, die mit den eingeführten Schutzzöllen in keinem Zusammenhange steht, und preist dagegen die S t e i g e r u n g der A u s f u h r als Zeichen eines günstigen Erfolges für die Industrie. Es ist freilich nicht ganz richtig, daß der Export sich dauernd vermehrt hat, denn seit 1884 ist derselbe unverkennbar zurückgegangen, aber selbst wenn die Behauptung dem Sachverhalt entspräche, würde nichts derartiges damit zu beweisen sein. Es ist ja zweifellos, daß von zwei Völkern, deren Arbeitsleistung in allen Zweigen der Production in gleicher Weise rentabel ist, dasjenige zu größerem Wohlstand gelangen muß, welches nach der Zahl der Bevölkerung die größere Menge von industriellen Erzeugnissen ausführt, denn die größere Ausfuhr liefert in solchem Falle einen Beweis von dem größeren Gewinn aus der Arbeit des Volks. Aber die größere Ausfuhr würde doch deshalb nicht als die Ursache des größeren Wohlstands zu betrachten sein, sondern diese würde selbst nur die Wirkung eines anderen Umstandes sein, des Umstandes nämlich, daß es dem Volke gelungen ist, eine größere Menge von nützlichen Dingen hervorzubringen. Der Export geschieht, weil die erzeugten Güter im Lande nicht sämmtlich Verwendung finden; der Gewinn aber wird erzielt, weil die erzeugten Güter zu einem Preise verkäuflich sind, bei welchem mehr erzielt wird, als der Aufwand von Capital und Arbeit beträgt. Geschähe das nicht, so wäre die gesammte Herstellung unvortheilhaft, und nicht minder der Export, der die mit Schaden erzeugten Güter in den Handel bringt. Wir mögen noch so viel Zucker und Spiritus ausführen — wenn die Summen, die dafür eingehen, nicht ausreichen, um die Kosten der Production zu decken, wird uns die Ausfuhr dieser Artikel nichts nützen, sondern sie kann uns nur schädigen, wie die Production selbst uns schädigt, deren Erzeugnisse über die Anforderungen des Bedarfs hinausgehen. Wäre ein Theil des Capitals und der Arbeit, die zur Herstellung dieser Erzeugnisse mitgewirkt haben, zu anderer, dem Bedürfniß entsprechender und darum nützlicherer Thätigkeit verwandt worden, so würde keine Kraftverschwendung stattgefunden haben, und selbst ohne alle Ausfuhr würde der Wohlstand gehoben sein.

Wie sehr mit dem Rückfall in merkantilistische Prinzipien alle alten Irrthümer wieder auftauchen, zeigt sich auch bei diesem Punkt. Die Steigerung des Exports soll den Beweis liefern, daß man sich auf richtigen Wegen befindet. Als ob in den Geldsummen, die für die ausgeführten Waaren eingehen, und nicht in der Rentabilität der Arbeit die Quelle der Bereicherung liege! Es ist ja ganz natürlich, daß wir eine größere Ausfuhr haben, nachdem man die Production, die ohnehin im Begriffe stand, dem Angebot voranzueilen, durch Schutzzölle künstlich zu weiterer Vermehrung angetrieben, während dadurch zugleich die Nachfrage zurückgedrängt wurde. Auf diese Weise den Export zu steigern, ist nicht schwer; nur die Hauptsache wird man nicht erreichen können, daß ein Gewinn daraus erwächst. Die Millionen, die nach unvortheilhaftem Verkauf in's Land hereinkommen, werden wie Seifenblasen zerrinnen, solange sie den Geldbeträgen nicht gleichkommen, die auf die Herstellung der ausgeführten Waaren verwandt worden sind.

In noch viel höherem Grade aber muß der Versuch, in den stark hervorgetretenen Nothständen im freihändlerischen England einen Beweis für die Vortrefflichkeit unseres Schutzzollsystems hinzustellen, Befremden erregen. Daß man die Ausfuhrvermehrung ungeachtet der damit verbundenen Verluste als einen Vorzug anpreist, darf im Grunde nicht Wunder nehmen, denn die merkantilistische Anschauung ist nun einmal so sehr auf einer Verwechselung von Wirkung und Ursache begründet, daß es nur als eine natürliche Consequenz erscheinen muß, wenn man selbst in einem verlustreichen Export einen nationalökonomischen Vortheil erblickt. Wenn man aber aus den im Britenreiche vorhandenen Nothständen die Schlußfolgerung zu ziehen sucht, daß die Schutzzollpolitik an dem fortschreitenden Sinken der Preise keine Mitschuld trage, so kann das nur die Vorstellung erwecken, daß man selbst an maßgebender Stelle an der Haltbarkeit der eingenommenen Position schon zu zweifeln beginnt. Es könnte in der That kein größeres Wunder geben, als wenn die Verderblichkeit der in so vielen Ländern eingeführten Schutzzölle der britischen Bevölkerung nicht fühlbar geworden wäre. Wenn alle Culturländer unter einer schweren Handelskrisis leiden, kann das einzige England von derselben nicht verschont bleiben. Kein anderes Land besitzt eine gleich großartige Industrie und Handelsthätigkeit, ist mit allen Nationen der Welt durch so vielseitige und umfangreiche Verkehrsoperationen verknüpft. Die Dichtigkeit seiner Bevölkerung ist eine so großartige, daß es den überwiegenden Theil seines Nahrungsbedarfs aus den Ueberschüssen anderer Völker zu beziehen gezwungen ist, und es vermag daher die Mittel zum Volksunterhalt nicht anders aufzubringen, als durch eine besonders großartige Ausfuhr von Erzeugnissen des Gewerbefleißes. Es muß also durch die ausgedehntesten Geschäfte des Einkaufs und Verkaufs zu allen Theilen der Welt in die engsten Beziehungen treten, und die Intensität seiner Verkehrsthätigkeit bedingt, daß es allemal sogleich in Mitleidenschaft gezogen wird, sobald nur an irgend einer Stelle der Erde eine Verkehrsstörung zum Ausbruch kommt. Denn durch alle Stockungen muß ihm der Absatz seiner Erzeugnisse, der ihm die Mittel zum Nahrungserwerb schaffen soll, erschwert werden. In wie hohem Grade aber muß die Absatzerschwerung ihm drückend werden, wenn alle Culturländer von einer Krisis ereilt werden! Daß es selbst den Prinzipien des Freihandels huldigt, kann ihm den Zollschranken gegenüber, die andere Länder aufrichten, keine Erleichterung verschaffen. Wirken die handelspolitischen Maßnahmen anderer Länder dahin, die Preise zum Sinken zu bringen, so kann es allein die Preise seiner Erzeugnisse nicht hochhalten. Gegen das Ungemach, das die Verblendung anderer Staaten anrichtet, vermag der Freihandel keinen Schutz zu gewähren. Sein Bestreben richtet sich nur dahin, der Entwicklung der Dinge ihren freien Lauf zu lassen und alle Maßnahmen abzuwehren, die bei der Unzulänglichkeit menschlichen Verstandes nur zu leicht Verwirrungen hervorrufen und entstandene Störungen verworrener machen. Disharmonien zu erzeugen, den Gang der Entwickelung zu unterbrechen, das Bedürfniß in Fesseln zu legen, der Arbeit ihren Gewinn zu entziehen, die Thätigkeit unfruchtbar zu machen — ist das alleinige Vorrecht der Schutzzollpolitik. Legt man sich aber die Frage vor, welche Gestaltung die Dinge angenommen haben würden, wenn auch England von der heutigen Schutzzollmanie sich hätte fassen lassen, so wird man sich schon zum Bewußtsein bringen, wie harte Schläge der Welt noch erspart worden sind, weil dieses eine Land den Kopf nicht verlor, als bei allen anderen Völkern die kurzsichtigen und verständnißlosen Anschauungen vergangener Jahrhunderte wieder zur Herrschaft gelangten.

Man versuche einmal, alle die Folgen sich auszudenken, welche nothwendig hätten entstehen müssen, wenn auch England darauf verfallen wäre, seine nationale Arbeit mit dieser wundervollen Art des Schutzes zu beglücken. Dieses Land, das weit mehr als drei Milliarden Mark an das Ausland zahlen muß, um seiner Bevölkerung das tägliche Brod zu schaffen, und das bei dem hochentwickelten Nahrungsbedarf seiner Bewohner der flotteste Kunde aller Länder ist, welche Verzehrungsgegenstände ausführen, — dessen Existenz durchaus davon abhängt, daß eine außerordentliche Menge von industriellen Erzeugnissen bei anderen Völkern Absatz findet. Man denke sich aus, wie sehr überall der eingetretene Rückgang des Wohlstandes befördert sein würde, wenn es ähnlich wie Deutschland und andere Länder durch hohe Kornzölle eine Verminderung des Nahrungsbedürfnisses und dadurch ein weiteres Herabgehen der Preise hervorgerufen, wenn es durch hohe Zölle auf Rübenzucker den deutschen, österreichischen und französischen Zucker fast unverkäuflich gemacht hätte. Es würde aller Wahrscheinlichkeit nach den Preis des Weizens noch weit unter den Stand des traurigen Jahrzehnts 1821/30 gebracht haben, und die Folge davon würde gewesen sein, daß auch die Bedürfnisse der gesammten ländlichen Bevölkerung aller Länder auf das Niveau der Einfachheit und Anspruchslosigkeit, auf dem es in jenen unglücklichen Jahren zu beharren gezwungen war, zurückgegangen wäre. Man male sich aus, mit welcher Schwere die Verarmung eines so namhaften Volkstheils auf alle industriellen Kreise zurückgefallen sein würde, wie sich die Lagerräume würden füllen müssen mit unverkäuflichen Erzeugnissen des Gewerbefleißes, wie viele industrielle Unternehmungen sich zur Betriebseinstellung würden genöthigt sehen, wie viele rührige Arbeitshände den Erwerb verlieren, wie viele mühsam erworbene Kapitalien in das Nichts zerrinnen würden. Vor allem aber mache man sich klar, wie dieses England durch alle Schädigungen, die es anderen Ländern bereitet, seiner eignen Landwirthschaft, weit stärker aber noch seiner eigenen großartigen Industrie, der Quelle seines Lebens, den Todesstoß versetzt haben würde.

Unsere Schutzzöllner haben in der kleinlichen Vorliebe für ihr System so oft den Wunsch und die Hoffnung geäußert, auch England möchte zu den schutzzöllnerischen Prinzipien wieder zurückkehren. Es giebt keinen größeren Beweis ihres Verständnißmangels. Sie ahnen gar nicht, wie viel Unheil auf sie selbst zurückfallen würde. Sie haben keinen Begriff davon, zu welchen Folgen es führen muß, wenn man in einem aufgeklärten Zeitalter, das auch auf dem Gebiete der Volkswirthschaft eine große Summe von Erfahrung und Erkenntniß angesammelt hat, alles erworbene Wissen ignorirt und mit ungeheurer Selbstüberhebung nach den Sinneseindrücken, denen man sich hingiebt, ein System sich aufbaut, das in seinem Inhalt und Wesen nicht über die ersten Anfänge theoretischer Ergründung hinausgeht, aber ungleich verkehrter ist, als diese, weil die Verhältnisse heute gerade so hoch= entwickelt und vielgestaltig sind, als sie in jenen längst verflossenen Zeiten klein, beschränkt und einfach waren. Es beweist gerade die hohe Reife und Ueberlegenheit des englischen Volks, daß es sich trotz der ungeheuren Nothstände in allen seinen Schichten frei erhalten hat von dieser unseligen Manie, die in dem Volk der Dichter und Denker so plötzlich die Geister verwirrte und sich dann mit Schnelligkeit über die Mehrzahl der Culturvölker verbreitete. Hätte auch dieses Volk sich von dem Strudel erfassen lassen, es würde bei seiner hohen Verkehrsthätigkeit zur Zerrüttung des Wohlstandes, zur Verflauung des Handels, zum Sinken der Preise in viel höherem Maße hingewirkt haben, als es von allen anderen Völkern zusammen geschehen ist. Es würde sich selbst aber damit die stärksten Nackenschläge versetzt haben. Das eben ist der Vorzug der Freihandelstheorie, daß sie die Völker erkennen lehrt, daß nicht in der Schädigung anderer Länder die Hebel des Aufschwungs beruhen, sondern daß die Quellen des eignen Wohlstandes um so reichlicher fließen, jemehr allen Völkern, mit denen wir verkehren, ihre wirthschaftliche Thätigkeit zum Nutzen und Segen gereicht.

Das englische Volk allein ist aber nicht im Stande, die Welt von den Nachtheilen zu befreien, welche Unverstand und Thorheit heraufbeschworen haben. Es kann nicht mehr, als der rückgängigen Bewegung ein bestimmtes Maß des Widerstandes entgegensetzen. Soll der fortschreitenden Verarmung gesteuert werden, so müssen auch andere Länder seinem Beispiele folgen und die Schranken wieder hinwegräumen, welche die Arbeit so erfolglos, alles Wissen und alle Kraft so unfruchtbar machen. Alle die Völker, die sich in Verkennung ihrer wahren Interessen durch kleinliche Eifersüchtelei zu schutzzöllnerischen Maßnahmen haben verleiten lassen, müssen sich zu schleuniger Umkehr aufraffen und aus ihren Zolltarifen entfernen, was dem internationalen Verkehr die ihm so nothwendige Wärme und Lebendigkeit raubt. Die traurige Lage des Welthandels macht es zu einer gebieterischen Pflicht, denn jemehr bei der hervorgerufenen Tendenz zum Niederdrücken der Preise der Wohlstand der Völker zurückgeht, desto stärker wird die Zahl von Existenzen wachsen, welche die zunehmende Erwerblosigkeit zur Einschränkung ihrer Bedürfnisse zwingt. Desto schwieriger wird es also werden, daß sich Production und Consum zu einander in Gleichgewicht setzen. Sie dürfen nicht in gleichgültiger Ruhe beharren, bis sich alle Staaten über eine freihändlerische Politik mit einander verständigt haben, denn zu einer solchen Verständigung wird es die Eifersucht nicht kommen lassen, und wo der Irrthum sich einmal eingenistet hat, da pflegen gesunde Vorstellungen nur langsam wieder Raum zu gewinnen. Ein jedes Volk muß nach dem Vorgang des englischen sich sagen, daß alle Erleichterungen, die es dem Verkehr gewährt, mögen sie zugleich auch anderen Völkern von Nutzen sein, doch ihm selbst den größten Vortheil bereiten, und demgemäß bewußt und selbstständig aus den Fesseln der Schutzzölle sich losreißen.

Welchem Volke aber könnte sich diese Pflicht gebieterischer aufdrängen, als dem deutschen? Es hat, wie kein anderes, die Segnungen des Freihandels erfahren! Aus tiefster Erschöpfung hat es sich zu hohem Wohlstand emporgearbeitet, weil seine Handelspolitik nach freihändlerischen Grundsätzen geleitet war! Die politische Zersplitterung hatte in langen Jahrhunderten, in denen andere Völker kräftig emporgeblüht waren, seine wirthschaftliche Entwicklung zurückgehalten, und es war noch weit entfernt von dem Reichthum seiner westlichen Nachbaren, als es in der Napoleonischen Zeit von einem furchtbaren Kriege heimgesucht war. Als es endlich nach unerhörten Opfern die Freiheit wieder errungen, war es in allen seinen Schichten bis zur Erschöpfung verarmt. Seine Handelsthätigkeit war gering, seine Industrie sehr wenig entwickelt, seine Landwirthschaft dürftig. Die Bevölkerung war dünne, und der Grund und Boden hatte einen geringen Werth. Da wurde im Preußischen Staat jene Reform der Gesetzgebung in's Leben gerufen, die sich zwar mit Vorsicht der niedrigen Entwickelungsstufe anpaßte, aber doch durchdrungen war von dem freihändlerischen Geist, der gerade in jener Zeit nach den Lehren des Adam Smith sich ausbreitete. Der Gedanke, der diesen Reformen zu Grunde lag, hat nicht lange darauf den Zollverein in's Leben gerufen, der, mit mäßigem Zollschutz beginnend, doch von Anfang an in freihändlerische Bahnen überleitete und schließlich in seiner gesammten Handelspolitik das System des Freihandels zur Durchführung brachte. Jemehr man auf dieser Bahn sich fortbewegte, um so großartiger wurde der wirthschaftliche Aufschwung. Was Deutschland in einigen Jahrzehnten an Wohlstand errungen, kann uns mit höchster Befriedigung erfüllen. Aus einem vorzugsweise Landwirthschaft treibenden Land hat es sich rasch auf die Höhe des Industriestaats geschwungen. Seine Fabrikate concurriren siegreich in allen Welttheilen, seine Handelsthätigkeit hat sich um das Vielhundertfache vermehrt. Mit der zunehmenden Dichtigkeit der Bevölkerung und dem Wachsthum des Wohlstands hat die Landwirthschaft sich zu hoher Vervollkommnung gebracht, und der Grund und Boden erlangte bei steigenden Erträgen einen außerordentlichen Werth. Die freihändlerische Aera ist ein ruhmreiches Capitel der hinter uns liegenden Zeit. Mag unsere politische Entwicklung bis zum Jahre 1866 auch noch so sehr das Gefühl der Beschämung in uns hervorrufen, — hier haben wir ein Stück Geschichte, das uns mit Stolz erfüllt, und das kaum ein Blatt aufweist, welches die Vorzüge des Freihandels in Zweifel setzen könnte. Man mag mit noch so großer Peinlichkeit fragen und forschen, man findet keinen Punkt, der das Bedenken zu erregen vermöchte, es könnte unter der Herrschaft dieser Prinzipien nach irgend einer Seite hin der Fortschritt zurückgehalten sein. Und doch, — eigenthümliche Ironie des Schicksals! — kaum war nach der Wiedergeburt des deutschen Reichs die Gesetzgebung in ihrer Hauptsache abgeschlossen und damit die Sünde einer langen Vergangenheit gesühnt, da warf man in Selbstüberhebung von sich, was in der Zeit kleinlicher Zerfahrenheit so hervorragend vom Geiste der Größe und Hoheit getragen war. Vom Freihandel zum Zollschutz, zum Zollschutz in seiner äußersten Consequenz, — das ist ein Rückschritt beklagenswerthester Art, ein Bruch mit hochbewährten Prinzipien von edlem, sittlichem Gehalt, die sich zum Ruhme des deutschen Geistes in unserem Vaterlande emporgekämpft hatten. Die deutsche Production in so vielen ihrer Theile hat es an ihrem Leibe erfahren. Mag sie sich denn von ihren Täuschungen wieder freimachen und alle ihre Kräfte daran setzen, daß diese kurzsichtigen Maximen wieder hinweggethan werden, die unsere wirthschaftliche Entwicklung zurückhalten und allen Einzelnen die Quellen des Erwerbs beschränken.

Vor allem aber müssen unsere Landwirthe sich wieder durchdringen mit jenen schönen, von erleuchtetem Selbstinteresse erfüllten freihändlerischen Ideen, an denen sie zu ihrem eigenen Nutzen festgehalten haben bis in die Mitte des vorigen Jahrzehnts hinein. Von allen Zöllen, die zum sogenannten Schutze der nationalen Arbeit gegeben sind, haben sich die Kornzölle am schlechtesten bewährt. Sie vor allen haben denen zum Schaden gereicht, zu deren Schutze sie dienen sollten. Sie waren das Danaergeschenk, womit man sich die Zustimmung der Landwirthe zu allen anderen Zöllen erkauft hatte, die den Interessen des landwirthschaftlichen Betriebs durchaus zuwiderlaufen. Ihre Beseitigung wird jetzt schwerer sein, als es damals ihre Einführung war, denn für den Fiskus sind sie ein großer Gewinn, und der Fiskus giebt schwer wieder heraus, was er mit seinen Händen umschlungen hält. Aber die Nothwendigkeit verlangt es, daß man den Kampf nicht scheut, und wenn die Landwirthschaft ihre gewichtige Stimme in die Waage legt, wird man ihre berechtigten Forderungen nicht zurückweisen können. Sie wird selbst in den Reihen der Industriellen manche Verbündete finden, denn wie sich aus den Berichten so vieler Handelskammern erkennen läßt, bahnt sich auch unter ihnen im Drange der Noth schon die wohlthätige Sinnesänderung an.

Mit der Beseitigung der Schutzzölle wird nicht sogleich die ganze wirthschaftliche Krisis beseitigt sein, aber man wird damit eine Ursache hinwegräumen, die gerade in den letzten Jahren die Noth so fühlbar gemacht hat. Der gesammte Verkehr wird sich allmählich mit neuem Leben erfüllen und mit wiedererwachendem Vertrauen wird auch die Speculation aus ihrer Zurückhaltung heraustreten. Mit beginnender Preissteigerung wird alle Thätigkeit wieder zu höherem Gewinn gelangen, die gesunkene Kaufkraft wird sich heben, und dem Bedürfniß wird die Fähigkeit wieder erwachsen, mit der rastlos thätigen Production in gleichen Schritten fortzueilen. Der Landwirth aber wird sich in seinen Sorgen erleichtert fühlen; er wird mit neuem Muth seinem schönen Berufe nachgehen, und was unsere Zeit an Wissen und Kraft erworben hat, das wird ihm behülflich sein, die großen Verluste wieder auszugleichen, von denen er am meisten heimgesucht wurde während der Jahre, in denen er mehr auf die trügerische Hülfe des Staats, als auf seine eigene Kraft sein Vertrauen setzte.

Hinstorff'sche Hofbuchdruckerei (L. Eberhardt), Wismar.